가체를 얹은 조선 복식의 美

솔과학

"신체발부수지부모
(身體髮膚受之父母)"

    우리의 역사는 고대에서 삼국시대를 거쳐 조선시대에 이르기까지 무수한 역사 기록과 문헌자료의 흔적을 남기며 살아왔다.

    하지만 전통머리부문에서 복식의 일습에 이르기까지 정리되어진 자료가 거의 없었다는 아쉬움으로 본고에서는 예부터 "신체발부수지부모"라 하여 부모로부터 받은 모발을 생명처럼 소중하게 여겨왔음은 옛 성인들의 지혜로움을 배울 수 있다. 모발은 예로부터 신체 보호기능 외에도 신분과 지위를 나타내고 사회의 불만을 머리모양으로 저항의 표시를 나타내기 시작했던 만큼 현대에는 품격을 말해주기도 한다. 교육을 통해 남을 가르치면서 나의 자신이 성장하듯이 전통예술작품공모전을 하고 도록을 만들고 책을 써 가면서 많은 것을 배우는 귀한 경험이 자신을 더 한층 성장시켜 나아가고 있다는 사실에 감사를 더한다.

    본 교재를 위해 문헌자료 수집과 작품 재현과정을 통해서 복식에 관련된 전통머리와 복식이론을 실제 정리하는 동안 우리의 성장을 확인할 수 있었다. 복식 중에서 머리카락의 귀하고 소중함을 다시 한번 깨달으며 전통머리 제작은 실제교육의 모티브로 삼아 미용관련 학교에서나 전통문화예술행사에서 널리 보급되어지길 바라는 마음을 담아 수록하였다.

고유의 美적 전통머리와 복식은 역사 인류의 발자취이자 기록 문화의 순환 과정이기도 하다. 그리하여 궁중여인의 대례복과 함께 전통머리는 미래의 연구 자들에게도 필요한 자료의 지표가 되리라고 생각한다.

조선시대 편을 정리하면서 여성의 머리모양과 복식에 집중했던 것은 문헌자 료에서 남성위주보다 여성 위주의 관련 자료가 교육이나 문화예술 행사에 차 지하는 비중이 높았기에 여성 복식위주로 수록하였다.

후속편으로 남성 복식 자료를 더하여 더 가치 있는 교본으로 도움 될 수 있 도록 노력하고자 한다.

이 책이 출간되기까지 물심양면으로 아낌없이 도와주신 '솔과학' 출판사 사장님과 아낌없이 복식자료수집에 도움주신 유홍숙 회장님, 김둘림, 박혜 순, 김재금, 최정희, 최혜정, 추혜경 등 한복 디자이너 작가님들께 진심으로 감사드린다.

2019年 2月 20日

저자일동

목　차

조선시대 왕의 계보

조선	년대/(代)/왕호	약사
1代	태조, 이성계(李成桂이단), (1335~1408)년 재위기간(1392–1398)	이성계가 고려를 멸망시키며 건국한 조선은 1910년 순종을 마지막으로 27명의 왕이 승계하면서 519년간 존속되었다.
2代	정종, 이경/ 이방과 (1357~1419)년 재위기간(1398–1400)	재위 2년 후 2차 왕자의 난 이후 동생 이방원에게 왕위 물려줌.
3代	태종, 이방원(1367~1422)년 재위기간(1400–1418)	왕권을 강화하기 위해 사병을 없애고 관직 제도를 개혁함. 태조실록 편찬, 호패법 설치 왕권 안정 구축.
4代	세종대왕(이도) (1397~1450)년 재위기간(1418–1450)	훈민정음을 창제함. 정치, 사회, 경제, 문화, 과학, 음악 등 전 분야를 발전시켜 조선의 황금시대 확립 성군으로서 백성을 섬김.
5代	문종(이향)(1414~1452)년 재위기간(1450–1452)	세종의 장남이며, 1421년 왕세자 책봉, 성품이 온화하고 학문을 좋아한 왕. 1452년 병으로 사망.
6代	단종(이홍위)(1441~1457)년 재위기간(1452–1455)	1453년 10월10일 계유정난 발생 후 1455년 숙부 수양대군 왕위 빼앗김, 이후 영월 유배되어 사약.
7代	세조(이유)(1417~1468)년 재위기간(1455–1468)	세종의 2남, 1차 진평군으로 봉해졌다가 1445년 수양대군으로 개봉, 어린12세 조카인 단종의 왕위를 찬탈함.

조선	년대/(代)/왕호	약사
8代	예종(이황)(1450-1469)년 재위기간(1468-1469)	재위 15개월 만에 족질로 인하여 20세 사망.
9代	성종(이혈)(1457~1494)년 재위기간(1469-1494)	조선의 기본 법전인 경국대전을 완성함. 조선 전기의 문물제도를 완성시켰다는 평가를 받음. 가체 유행됨.
10代	연산군(이융)(1476-1506)년 재위기간(1494-1506)	1494년 12월 왕위 오름 폐비 윤씨의 아들. 조선 최초의 반정으로 폐위됨.
11代	중종(이역)(1488~1544)년 재위기간(1506-1544)	연산군 폐위 이후 즉위.
12代	인종(이호)(1515~1545)년 재위기간(1544-1545)	성품이 온화하고 효심이 깊었던 왕, 재위 8개월 31세로 사망함.
13代	명종(이환)(1534~1567)년 재위기간 (1545-1567)	1545년 12세에 즉위. 관련사건: 을사사화.
14代	선조(이연)(1552~1608)년 재위기간 (1567-1608)	사림의 중앙정계 진출이 활발해짐. 이후 당쟁과 왜군의 침입에 휩싸인 왕. 임진왜란 당시 백성을 버리고 도망.

조선	년대/(代)/왕호	약사
15代	광해군(이혼) (1575~1641)년 재위기간(1608-1623)	1608년 왕 즉위 조선 중기의 격동기에 실리외교를 택한 군주. 대동법을 실시.
16代	인조(이조)(1595~1649)년 재위기간 (1623-1649)	인조 14년에 청나라가 조선 침범한 병자호란 발생, 삼전도 굴욕을 겪은 왕.
17代	효종(이호)(1619~1659)년 재위기간 (1649-1659) 10년	인조의 둘째 아들. 1645년 소현세자가 갑자기 죽자 세자로 책봉. 1649년 인조사망 이후 왕 즉위, 북벌을 국시로 내세웠으나, 북벌의 기회를 얻지는 못함.1659년 얼굴 종기 악화로 41세 사망.
18代	현종(이현)(1641~16740)년 재위기간 (1659-1674)	1659년 효종이 갑자기 사망하자 왕 즉위 남인과 서인의 당쟁(예송논쟁)이 계속되어 국력이 쇠퇴해짐.
19代	숙종(이순) (1661~1720)년 재위기간 (1674-1720)	대동법을 전국에 실시함. 당쟁과 궁중암투가 극에 달함. 관련인물: 인현왕후, 희빈 장씨, 숙빈 최씨.
20代	경종(이윤)(1688~1724)년 재위기간(1720-1724)	1720년 숙종26년6월 13일 즉위 1724년 8월25일 사망, 노론과 소론 당쟁의 절정기.
21代	21대왕 영조(이금) (1694~1776) 재위기간 (1724-1776) 52년간 재위 83세 승하	무수리 출신인 숙빈 최씨의 아들, 천민 출신 임금으로 최장수왕이자 조선의 중흥을 이끈 왕, 가체 금지령(1756가발과의 전쟁), 왕권을 강화하기 위해 탕평책을 실시함. 균역법을 시행하여 백성의 군역법을 시행하여 균역 부담을 줄임.

조선	년대/(代)/왕호	약사
22代	정조(이산)(1752~1800)년 재위기간(1776~1800)	1775년 대리청정을 하여 정사직접 관장, 1776년 영조사망 후 25세 왕 즉위, 탕평책을 계승하고 인재를 고루 등용함. 조선 후기 문화의 황금기 이룸.
23代	순조(이공) (1790~1834)년 재위기간 (1800~1834)	권력의 핵심 김조순 등 안동 김씨가 세도 정치를 하던 시대로 백성들의 생활이 매우 힘들었음. 1834년 재위34년 45세 사망.
24代	헌종(이환) (1827~1849)년 재위기간(1834~1849)	순종의 손자로 효명세자의 외아들, 8세에 즉위. 안동 김씨와 풍양 조씨의 권력 투쟁에 휘말림. 역대 조선왕 중 최연소 즉위된 왕.
25代	25代 철종 (1831~1863) 재위기간 (1849~1863)	1844년 (헌종10년)에 역모 사건으로 강화도 유배, 1849년 대왕대비 순원왕후의 명으로 19세에 왕 즉위, 사도세자의 후손, 1852년 안동김씨 실권으로 인하여 탐관오리 매관매직(세금) 일삼음, (강화도령)
26代	고종(이형) (11852~1919)년 재위기간 (1863~1907)	대한제국 초대 황제 흥선 대원군의 둘째 아들. 12세에 즉위. 1910년 일제에 의해 왕으로 격하, 강제유폐, 1919년 1월21일 사망.
27代	순종(이척) (1874~1926)년 재위기간 (1907~1910)	조선의 마지막 국왕, 재위기간동안 통치권을 통감부에 빼앗기고 일제의 강요로 일신 협약, 한일 합병조약 등 체결.

■ 조선국왕성지도

〈그림 1〉 조선국왕성지도

　　조선국왕성지도 〈그림 1〉은 유물번호 고궁187 연대 1894년 크기(cm), 세로: 37.1cm, 가로: 72.9cm 붉은 기둥에 기와지붕의 다층 건물들이 밀집되어 있는 광경을 표현한 채색판화로 일본에서 1894년(명치27)에 제작한 것으로 화면 전체를 세 부분으로 나누어 인쇄한 뒤에 이어 붙여 완성하였다. 건물 사이에 갓을 쓰고 도포를 입은 인물들이 있으며 연못 옆에는 양산 아래 서있는 사람도 보인다. '조선국왕성(朝鮮國王城)'이라는 표현은 임금이 사는 궁궐을 의미하는 것으로 판단되나 구체적으로 어떤 궁궐을 묘사한 것인지는 확인되지 않는다. 붉은색과 초록색 등 짙은 채색이 많이 사용되었으며 건물들이 중국풍으로 그려졌다.

▌조선국왕성도 유물

〈그림 2〉 조선국왕성도

조선국왕성도(朝鮮國王城圖) 〈그림 2〉의 유물번호 고궁148 연대 1882년 크기는
세로: 34.8cm, 가로: 70c이다. 화면 오른쪽 가장자리에 '조선국왕성도(朝鮮國王城
圖)'라는 제목이 있다. 흥선대원군과 명성황후를 비롯하여 일본인들의 이름이 표기
되어 있으며 화면 왼쪽 위에 임오군란 시 일본공사관이 습격당한 사실 등을 기록
한 장방형의 구획이 있다. 그 옆의 작은 구획에 "명치십오년팔월일어계(明治十五年
八月日御屆)"라고 쓰여 있어서 명치 15년(明治 15, 1882) 8월에 제작한 것을 알 수
있다.

화면 중앙부 아래에 조각공 "彫工銀治郎"와 작자인 "楊周洲延筆"이라는 이름이
쓰여 있다. 楊周洲延은 우끼요에 다색판화의 화가로 활동한 하시모토 치카노부(橋
本周延, 1838~1912)이다. 전체 장면을 세 장으로 나누어 제작한 뒤 서로 이어 붙
였다. 1882년 임오군란 당시 흥선대원군과 명성황후의 갈등 관계를 그림으로 묘사
하였으며 일본에서 제작되었다.

건물의 붉은 난간에 기대어 쓰러져 있는 명성황후와 도검을 쥐고 명성황후를
바라보고 있는 흥선대원군의 모습을 표현하였다. 복식은 중국풍이며 얼굴도 이국
적이다. 화면 왼쪽에는 긴 칼을 휘두르고 있는 일본인들과 그들 뒤로 불타고 있는
건물 및 일장기가 보인다.

01

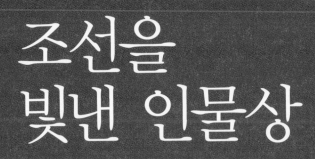

조선을
빛낸 인물상

〈그림 3〉 영조어진英祖御眞 22대왕

영조대왕 어진

영조(이금)대왕은 (1694~1776) 태어나 1724–1776 21대 성군으로 57년 7개월간 동안 가체 금지령 등 조선왕들 중 가장오래 재임하면서 왕권을 강화하기 위해 탕평책을 실시하였으며 균역법을 시행하여 백성의 균역 부담을 줄이기 위해 힘썼고, 국조속오례의를 편찬하여 국가전례 정비사업을 진행 하는 등 자신만의 시대를 열어가고자 했다. 영정모사도감은 총12책이 있으나 실제 남은 어진은 몇 점에 불과하다. 영조어진 제작 시 적색 안료에 편연지를 사용한 기록이 있다.

채용신(蔡龍臣, 1850~1941년), 조석진(趙錫晉, 1853~1920년) 등이 제작은 1900년에 족자가 제작되었다. (광무 4) 역대 임금의 어진을 모셔 두었던 경운궁(慶運宮)의 선원전(璿源殿)에 화재가 발생하여 잃게 된 일곱 분 임금의 어진을 대대적으로 모사할 때 50세의 사진을 본떠 그린 어진이다.

사도세자의 직계후손이자 강화도령으로 알려진 철종(이변)은 1831~1863 태어나서 어린나이 19세 1849–1863년에 25대왕으로 즉위 하였다. 하지만 재위간 14년 6개월 동안 재임하면서 1844년 강화도에 유배되어 33세에 생을 마감했다.

조선 제25대 철종임금 31세 초상으로 1861년(철종 12)에 제작 관련 기록인《어진도사사실(御眞圖寫事實)》(1872년 이후)에 따르면 왕명을 받들어 자비대령화원 이한철(李漢喆, 1808~?)과 도화서 화원 조중묵(趙重默)이 주관하여 제작한 것이다. 섬세하게 그려진 전립의 공작 깃털과 금박으로 장식한 용보 등 정교하고 화려한 군복의 표현은 군왕의 품격을 유감없이 보여 준다.

고종(이형) 1852~1919 재위기간 (1863–1907) 26대 고종황제는 통치기간 내내 일본의 끊임없는 침략을 받아왔음에도 불구하고 타협하거나 변절하지 않고 항일운동을 이끌어 나갈 수 있었던 힘의 원천이 되기도 했다.

43년7개월 동안 대한제국 초대 황제 흥선 대원군의 둘째 아들로 12세에 즉위하였다. 그의 왕비는 명성황후 민자영, 1910년 일제에 의해 왕으로 격하, 강제유폐, 1919년 1월21일 사망 1918년경 제작된 족자이다. 〈그림 5〉 대한제국 초대 황제인 고종은 원유관(遠遊冠) 대신 통천관(通天冠)을 쓰고 강사포(絳紗袍)를 입은 것으로 보아 황제 등극 이후에 그려진 초상임을 알 수 있다.

배경은 휘장으로 장식하고 발아래는 휘장과 비슷한 무늬의 양탄자를 깔았던 모습과 어진의 배경에 휘장이 드리워진 것은 매우 이례적이며 얼굴과 의복 등을 강한 명암을 통해 사실적으로 묘사한 것이다.

〈그림 4〉 철종어진哲宗御眞 25대 철종대왕

〈그림 5〉 대한제국 초대 황제인 고종의 초상화 26대

잡상(雜像) 〈그림 6〉 유물번호, 기타 213 조선시대로 크기의 높이가 42.7cm이다. 잡상(雜像)은 《서유기》에 나오는 인물 및 토신 형상을 흙으로 빚은 인형으로 궁궐 지붕의 추녀 마루에 얹어 사용하였다.

《어우야담(於于野譚)》에 의하면 대궐 문루에 대당사부(大唐師傅)·손오공(손행자(孫行者))·저팔계(猪八戒)·사오정(사화상(沙和尚))·마화상(麻和尚)·삼살보살(三煞菩薩)·이구룡(二口龍)·천산갑(穿山甲)·이귀박(二鬼朴)·나토두(羅土頭) 등 10신상(神像)이 있다고 하는데, 실제 남아 있는 유물을 보면 건물에 따라 4~11개 등 다양한 숫자의 잡상을 올려 장식했던 것을 알 수 있다.

〈그림 6〉 잡상

〈표 1〉 여성의 사회적 지위

지배층		
구분	반가녀	신분
사회적지위 및 사회활동	여성들 스스로 공적 사회적, 지위가 없고 남편을 통해 그의 준 하는 지위부여 되었다.	왕실, 양반, 중인
교육	조선후기, 가부장적 유교사회로 변모 되면서 여성들을 구속하기 위해 정식으로 교육받을 기회가 주어지지 않았다.	교육을 받지 않는 것으로 미덕으로 여김
경제력	없음	없음
결혼제도	가문과 신분에 따른 중매와 결혼이 이루어졌으며, 당사자의 의사는 무시 되고 가장의 판단에 의해 혼인이 성립되었다.	조선전기에 비해 후기는 본인의 의사와 상관없이 가장에 의해 결혼이 결정됨

피지배 층					
신분		사회적 지위 및 사회활동	교육	경제력	결혼제도
양인	일반여성	남편의 신분에 따라 지위부여	없음	없음	
노비	천민	영구세습 되었으며 사회활동의 자격 부여 되지 않는다.	없음	없음	본인 의사와 상관없이 신분에 의해 결정
여악	천민	국가기관에 소속되어 악 가무 공연	장악원에서 거문고, 가야금, 비파, 장고, 아쟁등의 악기 다루는 법을 배움	국가에서 지원 받음	첩으로 들어가거나 결혼을 하지 않음
의녀	천민	조선 초(약방기생 상방기생) 연산군이후 양반가들의 연회에서 술시중	의학서적과 약방문읽기위해 한문교육, 침술과 출산을 배움 논어, 맹자 중용대학 배움	1년에 쌀1석씩제공	신분에 걸맞는 사람과 결혼하거나 사대부의 첩으로 들어감
기녀	천민	조선 초전문적지식과 예능적 자질을 가진 전문인 조선후기 성적인 역할담당	각종의식이나 잔치에서 흥을 돋우기 위해 장악원에서 기예를익히는 철저한교육	국가에서 사미(賜米)제공	첩으로 들어가거나 결혼하지않음

〈표 2〉 내명부 규정 분류표

품계	국왕	세자
정1품	빈(嬪)–비(妃)를 보좌.	
종1품	귀인(貴人)–비 보좌	
정2품	소의(昭儀)–비 관련 의례 관리	양제(良娣)
종2품	숙의(淑儀)–비 관련 의례 관리	
정3품	소용(昭容)–비 관련 의례 관리	
종3품	숙용(淑容)–비 관련 의례 관리	양원(良媛)
정4품	소원(昭媛)–전각 관리	
종4품	숙원(淑媛)–전각 관리	승휘(承徽)
정5품	상궁(尙宮)–비 관련 업무상의(尙儀)–일상적인 의식과 절차	
종5품	상복(尙服)–의복과 자수 공급상식(尙食)–음식 준비	소훈(昭訓)
정6품	상침(尙寢)–왕의 옷과 음식 관련 순서상공(尙功)–옷짓기, 바느질 등 관리	
종6품	상정(尙正)–궁녀의 직무, 품행 단속상기(尙記)–문서와 장부 관리	수규(守閨) 수칙(守則)
정7품	전빈(典賓)–손님접대전의(典衣)–옷과 수식 관리전선(典膳)–반찬 만들기	장찬(掌饌) 장정(掌正)
종7품	전설(典設)–설치, 청소전제(典製)–의복 제작전언(典言)–다른 사람의 의사 전달	
정8품	전찬(典贊)–손님 접대전식(典飾)–세수하고 화장하기전약(典藥)–약 달이기	
종8품	전등(典燈)–등불과 촛불 담당전채(典彩)–직물 담당전정(典正)–질서 유지, 감시	장서(掌書) 장봉(掌縫)
정9품	주궁(奏宮)–음악 담당주상(奏商)–음악 담당주각(奏角)–음악 담당	
종9품	주변치(奏變徵)–음악 담당주치(奏徵)–음악 담당주우(奏羽)–음악 담당주변궁(奏變宮)–음악 담당	장장(掌藏) 장식(掌食) 장의(掌醫)

〈표 3〉 계(髻)에 사용된 해설

번호	머리형태	용어 해설
1	봉계 (鳳髻)	위로 높고 길게 꾸민 머리모양.
2	동심계 (同心髻)	마음을 움직이게 만드는 머리모양.
3	영춘계 (迎春髻)	걸음을 걸을 때마다 구슬이 흔들거리는 머리모양.
4	반관계 (反綰髻)	위나라 때부터 전해지는 양쪽으로 나누어 위로 꾸며진 머리모양.
5	수운계 (垂雲髻)	위나라 때부터 전해져 머리를 내려빗어 꾸며진 머리모양.
6	수운계 (隨雲髻)	수나라 때부터 전해져 내려빗어 꾸며진 머리모양.
7	비선계 (飛仙髻)	서왕모 때부터 전해지는 신선들의 머리모양.
8	영사계 (靈蛇髻)	위나라 견황후가 착안해낸 뱀의 형상의 머리모양.
9	운계 (雲 髻)	구름의 형상을 닮았다 해서 붙여진 머리모양.
10	분소계 (分消髻)	작게 여러번 나누어서 꾸며진 머리모양.
11	대환계 (大環髻)	큰 고리형태 같이 꾸며진 머리모양.
12	대수계 (大手髻)	손을 활짝 펴보인 듯한 형태의 머리모양.
13	타마계 (墮馬髻)	추마계와 비슷한 형태로 말에서 떨어진 형상의 머리모양.
14	편소계 (偏小髻)	양쪽으로 작게 나누어서 딿은 머리모양.
15	왜추계 (倭墜髻)	머리를 묶은 뭉치머리가 내려뜨려진 형식의 머리모양.
16	반환계 (盤桓髻)	머리 주변에 두른 형태의 머리모양.
17	추마계 (墜馬髻)	말에서 떨어진 형상의 머리모양.
18	부용계 (芙蓉髻)	연꽃을 꽂아 장식한 머리모양.
19	대수머리	내명부 예장용 머리모양.
20	거두미 (巨頭味)	조선시대 내명부 예장용 머리모양.
21	어유미 (於由味)	조선시대 외명부 예장용 머리모양.
22	낭자쌍계 (娘子雙髻)	낭자머리, 미혼녀의 머리모양.
23	후계 (後髻)	뒤에 낮게 틀어 올린 머리모양.
24	사양머리 (絲陽髻) 사양계 (絲陽髻)	조선시대 미혼녀의 머리모양.
25	가리마 (加里丆)	큰 머리 위에 덮어 쓰는 쓰개 머리모양.
26	딴머리 (編髮加首)	가체를 이용하여 높인 머리모양.
27	밑머리 (本髮加首)	본인의 머리로 꾸민 머리모양.
28	얹은머리	뒷머리를 앞쪽으로 감아 돌려 꽂은 머리모양.
29	묶은중발머리	짧은머리를 뒤로 낮게 묶은 머리모양.
30	북계식 (北髻式)	뒤로 머리를 낮게 트는 형식의 머리모양.
31	쌍계식 (雙紒式)	머리를 좌우로 가까이 두개의 상투를 세운 형식의 머리모양.
32	수계식 (數髻式)	위로 올린 상투와 비슷한 형식의 머리모양.
33	푼기명 머리식	좌우 양 뺨에 머리를 드리우는 형식의 머리모양.

02

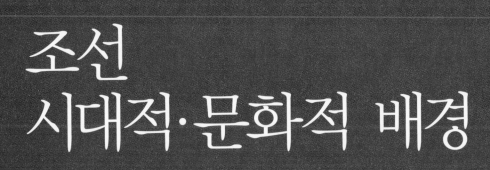

조선
시대적·문화적 배경

조선은 이성계가 여진족과 왜구를 물리친 후 중앙 정계에 진출하여 신흥세력이 된 후 위화도회군을 거쳐 구세력인 최영장군 일파를 제거하고 새롭게 개국한 나라이다. 이성계는 1392년 오백년 고려의 역사를 무혈혁명(無血革命)으로 무너뜨린 후 조선왕조의 태조로 등극한 것이다. 조선의 개국은 왕조를 유지하고 왕권을 확보하기 위해 명나라에 대한 사대교린주의를 택했고, 통치 이념으로는 숭유배불정책을 선택했다. 이는 끊임없이 외세에 시달리면서 불교를 크게 우대했던 고려와는 근본적으로 다른 것으로 명부의 머리모양에도 큰 영향을 미쳤다.

이성계가 고려를 멸망시킨 후 1392년 즉위한 태조(太祖) 이성계에서 1910년 마지막 임금인 순종(純宗)에 이르기까지 27명의 왕이 승계되면서 518년간 지속되었다. 조선은 고려 시대의 불교 정책을 기피하고 성리학적 세계관을 바탕으로 가부장적 도덕 국가의 실현을 이상으로 했던 선비 국가로서 명분과 의리를 기본 바탕으로 백성을 교화하고 포용하는 정치를 지향했으며 법치보다는 덕치를 우선시하였다. 조선 왕조가 설정한 이상적 인간은 선비의 유가적 세계관과 역사, 문예 등을 익히고 시(時)·서(書)·화(畵)에 정통한 자로서, 이성과 감성이 균형 있게 잘 조화된 학예일치(學藝一致)를 목표로 하는 인격체 중심으로 조선 왕조는 숭유정책을 실시하고 가부장적 도덕 질서의 수립과 군주에 대한 절대적 충성의 중앙집권적 법적체계를 완성하려 하였다. 조선 초기의 신분제는 기본적으로 양인(良人)과 천인(賤人)의 이원 체제였다고 할 수 있다. 그러나 중기에 접어들면서 점차 획득된 지위가 세습을 통하여 자손에게 전달 가능해짐으로써, 양반은 혈연적 요인에 의해 결정되는 신분적 성격으로 변하였다. 이후 사회 체제는 양반, 중인, 상민, 천민이라는 사분법적 신분 구조로 변하게 되었다. 조선사회에서는 모든 생활양식에 있어서도 엄격한 위계적 질서가 요구되었다. 관리와 귀족은 직급과 품계에 따라 복식이 규정되어 있었으며, 그들의 부녀자들도 남편의 직위에 따라 복식이 정해 졌다. 여성들도 남편의 신분이나 관직으로 사회적 지위가 부여되었고 그에 따른 사회적 책무가 부여되었던 것이다. 복식과 마찬가지로 계층에 따른 엄격한 규제가 있었음에도 불구하고, 어느 정도 계급을 초월한 미적 욕구가 널리 퍼지고 사회적으로도 용인되지 않았나 생각된다.

대궐의 머리 모양이 일반인에게 퍼져나가고, 일반의 머리 모양이 대궐에서 유행되면서 기녀의 머리 모양이 일반 부녀자들에게 영향을 미쳤다. 이는 두발 양식이 계층을 초월한 여성의 미적 추구 본능을 충족시키는 기능을 수행할 만큼 어느 정도 사회적 유연성이 통용되었다.

조선시대 두발에 관한 문화는 고려시대에 존재하던 가체가 조선시대에 와서 사회적으로 큰 인기를 얻게 되면서 그 가체(加髢)머리는 사회적 사치풍조를 불러일으켰다. 여성의 머리 모양에 대한 토의가 조정에서 이루어지고, 급기야 법으로 강력하게 규제를 하게 되는 점이 독특한 점이다. 조선 후기에 이르러, 신분제의 붕괴와 일제의 침탈로 인해 전통적인 머리모양이 점차 사라지면서 한국 여성의 본래 형태였던 쪽머리로 대부분 여성의 머리 모양이 돌아오게 된다.

1 전기1392~1592, 후기1593~1800년 복식

일반 관원들에게 상하 위계질서를 정하는 품계가 있듯이 조선왕조가 시작되면서 용무늬에 대한 인식도 새로워져서 곤룡포나 궁궐 건축에 왕가의 상징으로 사용하였다. 대(帶)는 흉배와 함께 신분을 구분하는 척도로 사용되었으나 이 규정은 제대로 시행되지 않을 때가 많았다 단청의 무늬로는 연화무늬나 비천무늬 당초무늬, 구름무늬 등을 장식하였으며 만자무늬나 아자무늬, 귀갑무늬와 같이 기하학적으로 도안화된 무늬들도 건축물이나 공예품에 시문되었다.

인(仁), 의(義), 예(禮)를 강조하는 유교사상이 강하여 귀족 중심의 화려하고 세련된 문화가 주를 이루고, 왕실의 경우 왕이나 왕세자는 나라 법도에 따라 면복(冕服:면류관·곤복) 또는 원유관포(遠遊冠袍:원유관·강사포)를 착용하였다. 왕비나 세자빈은 적의(翟衣) 또는 원삼에, 수식(首飾)은 대수(大首) 큰머리, 어여머리 등을 하며, 종친 또는 품위가 높은 내명부(內命婦)는 원삼에 큰머리 아니면 어여머리, 외명부(外命婦)가 진현(進見)할 때는 원삼에 어여머리를 하는 등 성장을 갖추었고, 이에 어울리는 수식(修飾)을 하였다. 일반 가정일 경우, 남자는 편복(便服)을 좀 더 호사스럽게 차리고, 여자는 성장한 저고리와 치마 위에 원삼 또는 당의를 입고, 이에 수식(首飾)을 나름대로 치장했다.

1392~1897년 복식의 특징은 삼국시대의 아름다운 한복양식으로 형성시키는데 있어 유교적인 이념의 추구는 왕조 복식제도의 재정비를 가져왔고 아울러 솜의 보급과 중국교역 등으로 의료가 다양해짐에 따라 한복 양식은 더 높은 수준으로 발전하고 더욱 세련되었다. 이 시대는 전통 양식을 고수 하면서도 세부적으로는 초창기와 말기에 상당한 변화를 보인다. 조선전기는 고려말의 관복제도를 그대로 이어받아 왕복 및 백관복을 정비하여 우리 고유의 전통복식인 저고리가 짧아져 띠 대신 고름이 생기고 삼희장 저고리가 생겼다.

조선후기는 영. 정조의 시대는 문화를 꽃피우는 문예 부흥기였다. 겸재 정신의 진경산수화, 단원 김홍도, 혜원 신윤복의 풍속화, 심청가, 흥부가등의 판소리, 구운몽, 사씨남정기 같은 서포 김만종의 국문소설 등을 비롯하여 의복, 음식, 역사, 지리, 의학 등 모든 분야에서 조선의 고유색으로 사회는 유교 교육이 강화됐던 시기로 여성들의 삶 전반에도 많은 영향을 끼 쳤으며 여성을 엄격하게 차별하고 예속시켰던 시기이기도 하다 또한 남녀의 역할 및 공간을 철저하게 분리시켰고 여성의 활동 공간을 사적공간인 '집안'으로 엄격하게 한정하였다 이처럼 대외적인사회 활동을 할 수 없었던 여인들은 시간적인 여유가 많아지면서 얼굴을 만지거나 거울을 보는 여유가 많아지면서 자연히 외모를 아름답게 가꾸고자 하는 욕망이 커지게 되었다.

여성들은 자연히 가체(加髢)를 사용한 과장된 머리형태 쪽으로 관심이 증가 되어 사치가 극치에 달하게 되었다. 전기에 비해 조선후기는 가부장적 유교 사회로 변모되면서 여성들을 구속하기 위해 정식으로 교육 받을 기회를 더욱 주지 않았을 뿐만 아니라 반가녀들이 시나 서화에 재주를 보이는 것을 좋지 않게 여겼다.

한국의 전통복식은 고대부터 착용해온 오래된 역사성을 가지고 있으며, 저고리와 바지, 치마를 기본 복으로 분류하였다. 한복의 화려하고 장식적인 자수와 오방색의 원리, 리듬감, 문자문이나 길상문 등의 기하학적 세련미, 신앙미, 상징미, 단아미, 정조미, 관능미, 등을 표현하기 위한 곱고 섬세한 소재로 내적가치를 더하여 이어지고 있다.

한복의 명칭 저고리 유례를 살펴보면 고구려 시리에는 "유", 백제시기에는 "위해", 고려시기에는 "저고리"라고 하였으며 북방호복 계통의 복장으로 활동에 편리한 유(襦저고리), 고(袴바지), 포(袍두루마기), 상(裳치마) 등으로 미적표현에서 나타난 옷은 각 시대마다의 사회상과 문화상이 복식에 반영되어 왔다.

궁 예복은 궁중에서 왕비의 의식용 복장인 대례복 차림에 사용되었던 대수머리 모양이 가체(加髢)로 꾸미고 있는데, 그 모양이 매우 과대하고 화려하였다.

이때의 얹은머리가 조선조에 들어오면서 명의 수식을 본받은 가체(加髢)로 말미암아 높아지기 시작하였으며, 이러한 기회를 틈타 화려하게 꾸미기를 좋아한 여인들의 사치 풍조가 폐단을 극심하게 초래되었다.

그리하여 가체(加髢)에 대한 논의는 영조 3년(1727년)에서 정조 20년(1796년)까지 70여 년간 계속되었을 정도였다. 대수의 양식은 전면에서 봤을 때, 머리 정상은 고계를 만들고, 밑으로는 남은 머리가 좌우 어깨까지 내려오면서 A형을 이루는데, 머리 양 끝에 봉(鳳)이 조각 된 비녀를 꽂았다. 후면도 전면에서와 같이 고계를 이루고 좌우를 A형으로 펼친 것은 동일하지만, 뒷머리 가운데에 숱이 많은 머리를 두 갈래로 땋아 자주색 비단 댕기를 묶고 있는 것이 다르다.

태조 3년 명조사어 왕비적관은 진주426알, 주취2봉 7적관으로 꿩7개, 봉2개, 금잠1개, 보전화 9개로 꾸며져 있으며 성종 12년까지 보존되어 왔다. 선조 35년 이후 임진왜란 때 소실되자 적관을 갖출 수가 없어 창제 수식을 하였고 수식으로 68단5개를 사용한 체발, 소 6개, 저모성 1개, 잠47개를 사용하여 꾸몄고 자주색으로 만든 수사기로 치장 하였다. 효종2년 세자빈 대례복 착용 시 공작우 50개를 꽂아 꾸민 적관을 착용하였고 죽고(대나무) 3개, 저모성(돼지털로 만든 솜)1개, 흑각잠 1개, 대잠, 소잠 등 잠 27개, 그 외 자색지 4조, 자색초 월사지로 꾸몄으며, 영조27

년에는 체발 10단으로 축소하여 주례에 나오는 편과 같이 꾸민 가체에 금, 은 보식을 더하여 꾸몄다.

이러한 치장은 조선말까지 통일하였으며 대수(쌍계. 고계)를 하였다. 관혼상를 살펴보면 먼저 여자아이의 성년례를 치르는 것으로 계례(笄澧)시에는 쪽을 지고 비녀를 꽂고 화관을 씌워 주는 의식으로 성년례를 치렀다.

3 · 조선의 궁궐여인의 머리모양

조선시대 여인의 머리모양은 신분과 계급에 따라 다양하게 나타났다. 왕비 왕세자 빈 또는 내외명부의 의식용으로 〈그림 7〉 대수(大首) 큰머리와 〈그림 9〉 거두미, 어유미(於由味)가 사용 되었고 평상시에는 첩지머리, 조짐머리, 쪽진 머리를 했다. 태어나서 처음으로 머리를 올리는 아기 내인들은 배씨머리로 지칭하였다. 한편 일반 평민부녀자들은 본인의 머리카락으로 만든 얹은머리, 쪽머리를 사용하였으며, 미혼녀들은 땋은 머리를 하고 다녔다. 민화에 많이 나타나고 있는 기녀들의 얹은머리는 가체를 이용한 트레머리에서 최대한 풍성하게 연출되었으며 두 개의 쪽으로 만들어진 낭자쌍계도 쪽머리형태의 변형으로 나타나기도 하였다. 미가녀(未嫁女)의 머리스타일과 출가녀(出嫁女)의 머리모양스타일이 나타나는데 두 종류 중 미가녀란 결혼을 하지 않는 여성으로 결혼을 하여 머리를 올리기 전까지를 말하며 이러한 미가녀의 머리로는 종종머리 땋은 머리, 바둑판 머리가 있는데 어린이 장신구 용도는 말뚝댕기나 도투락댕기로 장식하였다. 땋은 머리는 일명 귀밑머리라고 하는 미혼녀의 기본 두발 양식이다. 결혼을 한 여성을 출가녀라고 말하는 것으로 얹은머리, 트레머리, 쪽진머리 북계 낭자머리가 있다. 얹은머리는 삼국시대부터 조선시대까지 계속된 머리모양이며 조선시대전기부터 중기까지 얹은머리스타일이 성행하였는데 가체(加髢)로 말미암아 머리형태가 점점커지고 사치가 심하여지자 영조2년(1726년)에 부제학 이기진이 1차 상소를 올렸고, 영조23년에 가체(加髢)의 피해에 대한 유척기(俞拓基뿌리지다)의 진언으로 마침내를 영조23(1756년)에 가서야 가체(加髢)를 금지하고 족두리로 대신하였다. 정조12년(1788년)에 가체신금사목(加髢申禁目)을 정하여 가체의 사용을 금지 하면서 궁중과 양반부녀들은 차차 쪽머리에 족두리로 변형되었고 일반 부녀자들만이 본 머리로 된 얹은머리를 하였다 그러나 후기에는 그것마저도 사라지고 풀머리로 틀어 이마 위에 틀어 얹는 머리모양스타일을 하였다.

4 | 조선여성의 수발형태(首髮形態)

조선초기의 머리형태는 급격한 변화 없이 거의 과거와 유사하게 변하였으나 〈그림 10〉 저고리와 바지 입은 모습은 남자의 모습으로 보이고 그 옆은 무용총의 수소계 풍기명 머리와 반환계의 얹은머리는 신분, 결혼, 직업에 의해 조금씩 변화 되었다. 조선중기에 오면서 몽고(蒙古)의 수식(修飾)을 본받아 반가부녀자의 머리 체(髢)일종의 가발로 다리, 다래, 달비, 월자(月子), "차"라고 불림를 사용하여 풍성하게 치장하여 꾸민 얹은머리가 크게 유행 되었고 이는 일반 서민여성들에게도 퍼져나가게 되었다.

조선후기는 왕녀의 복식에 따라 머리형태도 다양하게 나타나게 되는데 가체를 이용한 거대한 얹은머리가 나타났고 미혼인 경우는 귀밑머리를 중심으로 하여 낭자 쌍계머리 사양계 등을 연출하고 공주와 옹주인 경우는 새앙머리를 하였다.

여성들의 머리를 수식하기 위하여 사용했던 머리장식품에는 각종 비녀와 여러 가지형태의 뒤꽂이 궁중이나 상류층에서 사용하던 첩지와 떨잠, 비녀, 화관, 족두리, 떠구지, 댕기, 전모, 빗 등이 있다. 그리고 궁중에서는 비·빈 내명부 여인의 머리 형태는 대수큰머리. 거두미, 어유미머리가 있었다.

▶ **체(髢):** 다리 체를 쓰며, 숱이 적은 머리에 덧 대는 가발
▶ **체(鬄):** 다리 월자라 하며, 머리를 깎는다는 의미
▶ **어유미(於由味) :** 큰머리에 버금가는 예장용의 머리로 궁중에서나 반가부녀들이 하였고 상궁으로서는 지밀상궁(至密尚宮)만 사용
▶ **어여미(於汝美) :** 어염족두리를 쓰고 가체를 땋아서 크게 말아 올린 예장용(禮裝用) 머리 모양으로 '어임머리'또는 '어여머리'라고 함

(1) 대수(大首)

전쟁을 겪으며 소실된 칠적관을 대신하여 조선 중, 후기 왕실에서 쪽진머리에 관처럼 얹은 거대한 일습으로 대수를 사용하였다. 조선조 왕비들의 머리모양은 전적으로 명나라에서 받아온 형태의 것을 사용했다. 고려 공민왕이 원을 배척하고 신흥국가인 명나라에 사신을 보내 왕과 왕비를 비롯한 관리들의 의복까지 받아왔는데 이는 조선이 명의 복식을 따라 입은 시발점이 되었다. '고려사'에 의하면 이때 받아온 왕비복은 적의(翟衣)였고, 머리모양은 적의를 입을 때 쓰도록 되어있는 칠휘이봉관(七翬二鳳冠), 즉 일곱 마리 꿩 모양과 두 마리 봉장식으로 되어 있는 관이었다. 조선조에 와서는 그것이 꿩 일곱 마리가 장식된 칠적관(七翟冠)으로 바뀌었다. 즉 황후는 구적관(九翟冠)을 썼고, 그 다음 계급인 명부(命婦)들은 팔적관, 칠적관을 사용하도록 했다. 특히 칠적관은 황후보다 등급이 낮은 왕비에게 주었던 것이다. 대수의 모양에 대해서는 '전체적으로 위보다 아래가 넓은 삼각형 형태를 이루고 있다. 머리를 어깨 높이까지 곱게 빗어 내리고 양끝에 봉(鳳)이 조각된 비녀를 꽂으며 뒷머리 가운데에는 숱이 많은 머리를 두 갈래로 땋아 자주색 댕기를 늘이고 머리 위 앞부분에 떨잠과 봉비녀 등으로 웅장하게 장식한다. 유물로 대수가 사진으로 실려 있다

〈그림 7〉 대수

(2) 거두미 (떠구지머리)

거두미는 정조 3년(1779년)에 생겨나면서 궁중이나 양반가에서 의식을 할 때 하던 머리 모양으로 어여머리 위에 '떠구지'라는 나무로 만든 큰머리를 얹어 놓은 것이다. 거두미는 목재로 만든 장식품으로 '떠받치는 비녀'라는 의미에서 유래된 것이다 정조는 가체(加髢)로 인한 폐해가 문제가 되자 궁중에서부터 이를 금하고 발(髮)을 쓰던 것을 목(木)으로 대신 하였다. 왕후·비·빈·공주의 경우 경우에는 다리를 머리같이 곱게 땋아서 밀초로 붙여서 만든 것을 사용하였으며, 내명부는 다리 대신에 나무로 된 틀을 사용하였는데 이는 흡사 땋은 머리모양 같다고 한다.

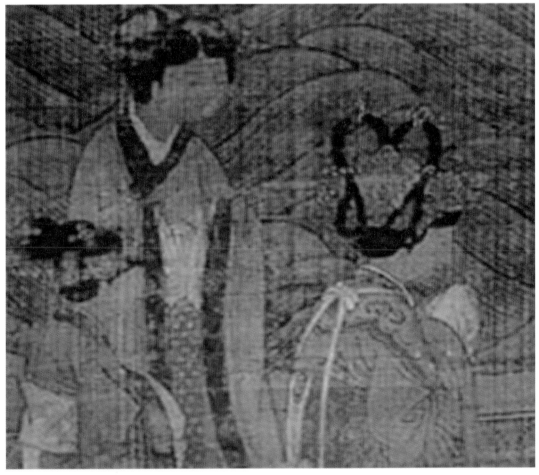

〈그림 8〉 선암사 감로탱 최민식, p.12

33

〈그림 9〉 거두미

(3) 어유미(어여머리)

어유미는 거두미와 함께 내명부만이 할 수 있던 머리모양이었다. 명칭의 의미
는 두른 머리라는 뜻을 가진 어여머리에서 나온 것이다. 어유미(於由昧)라고 한
자로 표기한 것은 내명부 중에서도 5품 이상의 계층이 했던 만큼 권위적인 의미
를 부여한다. 현재 전해지고 있는 어유미 형태로는 윤비, 의친왕비, 엄비 등이 전
형적이다. 평상시의 정장 차림일 때 했던 머리가 바로 어유미이다. 가체신금사목
에도 거두미, 어유미는 명부가 보통 때 착용하는 것이라고 명기되어 있다. "어여
머리는 예장할 때 머리에 얹는 '다리'로 된 커다란 머리를 말하는데, 어염족두리

를 쓰고 그 위에 '다리'로 된 큰머리를 얹어 옥반과 화관으로 장식한다. 『조선왕조실록』에는 거두미나 어유미를 만들 때 사용하는 가체(加髢)를 체발(髢髮), 수체(首髢) 등으로 표기하는 예가 더 많다. 이렇게 가체(加髢)가 많이 들어가는 궁중의 머리모양을 제작하는 데는 장인이 따로 있었다고 한다. 궁중에서는 체발장이라는 전문장인이 있어 대수나 거두미를 제작했다. 궁중에서 머리를 만들 때는 미리 필요한 양을 월자장에게 주문해 사용했으며 지금의 미용사인 수모를 임시 채용해 시술하도록 하였다.

〈그림 10〉 저고리와 바지, 포 입은 무용총 벽화에 표현된 시녀의 머리모양

02 불화(감로탱) 속 여인들의 신분별 특징과 이해

    불화 속에 나타난 여인들의 머리모양은 고전의 전통문화를 이해하고 계승·발전해 나가는데 중요할 뿐만 아니라 현대 헤어스타일 연구 및 접목에 중요한 자료로 평가 받고 있다. 조상숭배의 신앙 또는 영혼숭배의 신앙을 중심으로 묘사한 그림에서 조선시대는 숭유억불정책으로 인하여 불교가 매우 어려움에 처한 시기였다. 그럼에도 불구하고 유교의 효와 결합하여 우란분재(盂蘭盆齋)가 널리 성행하게 됨에 따라 많은 탱화를 남겼다. 감로탱은 불화 중에서도 이야기가 있는 그림으로 희로애락 뿐만아니라 사후 세계까지 펼쳐져 있다. 여인들의 모습이 다양하게 보여 주는 풍속화는 사회에 대한, 인간에 대한 반성에서 나온 것이다. 임진, 병자 양란 이후 실학의 대두와 함께 등장한 것이 바로 풍속화이다. 풍속화는 그 시대 사람들의 생활상 대다수를 차지하는 서민들의 모습을 그려 놓은 그림이다. 따라서 그 안에는 남녀가 따로 없고, 노소가 또한 따로 없다. 우물가의 아낙네, 빨래터의 동승, 씨름판과 엿장수, 소치는 아이가 등장하는 새로운 그림이 나타나기 시작했다. 조선후기 풍속화는 김홍도, 신윤복 시대를 정점으로 감로탱도 마찬가지로 하향곡선을 그렸다.

▶ 우란분재(盂蘭盆齋)
죽은 사람이 사후에 거꾸로 매달리는 고통을 받고 있는 것을 구하기 위해 후손들이 음식을 마련하여 승려들에게 공양하는 것. 흔히 백중이라 부르는 음력 7월15일에 사찰에서 거행하는 것으로 불교행사의 하나이다.

〈그림 11〉 남장사 감로탱

<table>
<tr><td>1</td></tr>
</table>

감로탱화에 대한 이해

　조선시대는 불교와 유교가 공존했던 이중적인 시대였다. 삼국시대부터 민중 속에 깊숙하게 자리 잡고 있던 불교 신앙은 곧 유교의 윤리관으로 불교의 신앙 관을 억제하려는 것이었다. 왕실 귀족녀들의 불심은 유명해서 여말선초부터 한 성 인근에 원찰을 정해 놓고 사찰을 중수하기도 하고 시주를 하기도 했다. 유교 의 입장에서 볼 때 머리카락을 모두 자르고 부모형제가 있는 가정을 떠나는 불 교는 패륜적인 종교였다. 불교의 입장에서 볼 때 여인을 하찮게 여기는 유교는 비인간적이었다. 거기에 유교에 비해 불교는 강한 종교성을 띠고 내세를 믿고 극 락왕생을 기원할 수 있었다.

(1) 상류층의 머리모양

조선시대 상류층 여인이란 비빈을 비롯한 명부 층을 말한다. 명부는 국가가 신분을 보장해주는 여인으로 내명부와 외명부로 구분되어 있는데 내명부는 궁궐 내에서 기거하는 계층으로 가장 높은 품계는 후궁들 중에서 가장지위가 높은 정1품 빈이다. 비는 지엄하신 한 분으로 명부에 속하지 않는다. 후비는 내명부 중 종4품까지 있다. 수월관음도에 공양인 왕실녀가 그려져 있는 것은 널리 알려진 일이다. 조선시대 상류층 여인이 그림으로 남아 있는 경우는 거의 없어나 기록으로는 대례 때 주취칠적관을 착용한 것으로 되어 있다. 그림에서 보이는 공통적이고도 일관적인 양식으로 첫째는 본머리가 선명하게 보이고, 그 위의 형태는 가발처럼 만들어져 씌워졌다는 점이다. 둘째는 관의 형태가 마치 가체를 이용한 머리처럼 상단부가 부풀려져 있다는 점이다. 셋째는 보석류로 화려하게 장식되어 있다는 점이다. 〈그림 13〉의 세련된 머리형태를 볼 수있다.

〈그림 12〉 불화로 본 왕비

38

〈그림 13〉 불화로 본 후비

(2) 중류층의 머리모양

　중류층으로는 농업과 상공업에 종사하는 평민계층을 포함시킨 조선의 신분
제도는 초기에는 중간계층이 애매했으나 후기로 가면서 양반, 중인, 상민, 천민
의 개념이 뚜렷해졌다. 양반은 문반과 무반을 가리키는 것이며, 중인은 직업을
세습하는 계층으로 외국어, 의학, 천문, 법률 등에 종사하는 계층을 말했다. 그

중 상민이 바로 농상공업에 종사하는 계층이었다. 천민은 사회의 최하위 계급으로 노비층이다. 상민은 국민의 대다수를 차지하는 계층으로 납세와 부역의 의무가 있는 계층이었다. 그러나 불화는 대부분 경제력이 있는 상류층이 공양했기 때문에 감로탱을 제외하고는 그들만큼 자주 눈에 띄지 않는다. 전체적으로 가체와 장식을 많이 하지 않았다는 것 하나만으로도 그들의 신분이 그리 높지 않다는 것을 알 수 있다.

〈그림 14〉 불화로 본 평민

(3) 하류층의 머리모양

하류층 여인들은 시녀들이 대부분을 차지한다. 그들의 머리모양은 쌍계가 주류를 이루고 있었음을 알 수 있다. 인물들이 하고 있는 머리모양은 위나 아래로 똑같은 쪽 모양의 형태를 쌍으로 하고 있다. 이런 머리모양은 중국이나 고구려 고분벽화에서도 발견할 수 있는 전형적인 쌍계이다. 대체로 미혼녀나 하류층 여인들에게서 많이 볼 수 있는 쌍계는 머리 뒤에 똑같은 형태를 이루는 경우와 국말 궁중 사양머리의 기본형이 되기도 했다. 즉 머리 뒤에서 땋아 내려 두세 번 접어 올린 것을 나란히 머리 뒤에 붙이고 중간을 묶어 댕기를 드리운 형태를 말하는데 〈그림 15〉 불화로 본 하류층 시녀들의 머리모양은 조선초기의 쌍계머리는 연령층이나 장소에 따라 변화가 있었음을 짐작한다.

〈그림 15〉 불화로 본 하류층

41

03

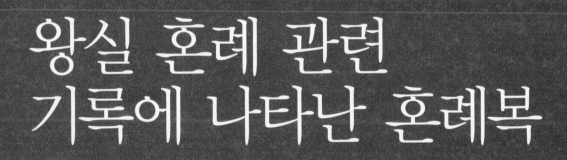

왕실 혼례 관련
기록에 나타난 혼례복

궁중의 예복을 살펴보면 적의, 노의, 장삼, 원삼 등을 들 수 있다. 그 중 왕비와 세자빈만이 착용할 수 있었던 법복인 적의를 제외하면 왕실 혼례복 중 왕비 이하 후궁, 공주에 이르기 까지 해당되는 예복은 장삼과 노의 이다. 먼저 용어 해석을 살펴보면 국혼정례(國婚定例), 상방정례(尙房定例), 가례도감의궤(嘉禮都監儀軌), 〈가례등록〉 등이 있다. 국혼 정례는 궁중 혼례의 풍속이 사치에 흐르고 국비의 낭비가 심한 것을 우려하여 영조 때 박문수 등이 영조 25년 (1749)에 국혼에 관한 정식을 적은 내용을 책으로 왕과 왕세자빈, 숙의 이하 대군부인, 왕자부인, 공주, 옹주의 혼례복에 대해 기록 되어 있다. 상의원에서 왕실의 의복을 담당 하며, 왕실의 중요 행사와 정기적인 행사, 가례 등에 따르는 복식과 필요한 물품의 종류 및 수량, 재료들이 상세히 기록되어 있어 왕실의 생활 전반의 실태를 살펴볼 수 있다. 중궁전과 빈궁의 혼례복으로는 법복인 적의가 있고, 의대 품목에 노의, 장삼, 원삼 등이 더해진다. 또한 숙의 이하 군 부인, 공주, 옹주, 등은 혼례의복으로 노의, 장삼만이 의대목록에 기록되어 신분별에 따라 나타나는 노의는 중전과 빈궁의 금원문 노의로 대홍색 향단으로 소재가 같으나 흉배를 장식하는 것으로 나타나 있다. 상방정례는 혼례복에 사용되는 의차 목록을 근거로 국혼 정례와 상방정례 두 기록의 비교 하여 보았을 때 노의와 장삼에 소용되는 의차 중 장식에 사용되었을 금과 실의 기록에서 중전과 빈궁의 노의에는 후첩금(厚貼겻金)2속 첩장의 기록이 기록되어 있고, 빈궁의 노의는 금원문 노의'라는 명칭으로 기록 하고 있지 않고 '노의' 라고만 기록되어 있다. 조선시대 국왕 및 왕세자의 가례를 준비하는 과정에서부터 전 과정을 상세히 기록해 놓은 책인 가례도감의궤는 국혼정례나 상방정례와 달리 시기별, 신분별 왕실 혼례복에 대한 좀 더 자세히 기록되어 있다. 가례등록에 나타난 군부인, 공주, 옹주, 군주, 현주의 의대를 정리한 것에는 이들이 모두 왕실의 외명부 여인으로 적고 있다.

조선시대 왕비 및 내의 명부들이 입는 대표적인 궁중여인의 예복으로 적의, 원삼 활옷, 당의 등이 있는데 이중에 원삼 활옷은 궁중뿐 만 아니라 일반여성들의 혼례복으로 이용된다.

1   황후의 황원삼

황후가 입었던 황원삼(黃圓衫)은 궁중에서 큰 예식이나 혼례식 때 입었던 왕비의 원삼이다. 1897년 대한제국이 되면서 소례복으로 황원삼을, 대례복으로 심청적의로 정하였다.

조선 초기에 명에서 왕비의 단삼을 사여 받아 예복으로 착용하였다. 조선 후기 형태가 원삼으로 변하여 현재도 혼례복으로 착용되고 있다. 조선 영조 25년 국혼정례에는 빈궁의 의대 안에 노의와 함께 장삼과 원삼이 따로 있었는데, 조선 말기에 원삼 한 가지로 통일되었다. 황후는 황색 길에 소매가 넓으며 끝에는 다홍색과 남색의 색동과 흰색 한삼(汗衫)을 달고 용문을 직금(織金) 또는 부금(付金)한 황원삼을 입었다.

2 　왕비의 홍원삼

　원삼의 착용은 그 유래가 오래되었다. 1505년(연산군 11) 복식에 사라능단을 허가하니 값이 뛰어올라 가난한 조신의 경우는 조참에 참여할 때 반 이상이 여자의 원삼을 입었다고 한 것으로 보아 원삼의 형태가 조신들의 단령과 비슷했음을 알 수 있다. 원삼은 궁중여인의 대례복으로 신분에 따라 그 색과 문양을 달리하였다. 왕비는 다홍색에 노랑색과 다홍색 또는 남색의 끝동에 한삼을 달고 봉문(鳳紋)을 금박한 홍원삼을 입었으며, 원삼에는 모두 홍단대(紅緞帶)를 띠게 되어 있는데, 7척 남짓한 것으로 앞에서 뒤로 돌려 매고 나머지는 아래로 드리웠다. 홍대에도 황후의 황원삼에는 용문, 비빈의 홍원삼과 자적원삼에는 봉문 또는 금박하였는데 직금이나 부금은 궁중에서만 할 수 있다. 1749년(영조 25) 원삼 제도는 예에 실렸으며, 국말에는 원삼이 최고의 예복이 되었다.

3 　공주나 옹주의 녹원삼

　공주나 옹주 그리고 사대부 부녀들이 입었던 예복 뿐 만 아니라 민가의 신부혼례복으로도 녹원삼을 입었다. 연두색 깃에 다홍색과 노랑색 끝동에 한삼을 달고 화문(花紋)을 금박한 녹(綠)원삼을 착용하였다.

　녹원삼의 안감으로 사용한 홍색과 청색 단은 겉감의 녹색과 함께 화려한 원색 조화를 보이고 있으며, 표면의 색채는 안감인 홍색이 은근히 내비치고 있어 이중적인 고상한 녹색으로 나타나 있다. 원삼은 그 트임으로 인해 착용자의 움직임에 따라 안단으로 사용된 보색이 드러나는 것을 미적 특징을 갖고 있다.

02 궁의 법복 적의의 정의

국가의 중대한 의식이 있을 때 왕비는 예복을 입게 되는데, 왕비의 대례복으로 적의(翟衣)는 조선시대 최고의 여성예복으로 상하의 신분이 뚜렷한 사회에서 왕비의 신분적 지위와 권위를 상징하는 표상이다. 이를 법복(法服)이라 하며, 태종대에 명으로부터 적의를 처음 받아들여 인조대에 우리식으로 바꾼 붉은색 적의를 착용하였다가 고종대에 중국의 황제비가 입었던 〈그림 16〉 심청색 적의로 바꾸었다. 적의를 살펴보면 구체적인 구성과 문양, 하피, 상, 대대, 옥대, 폐슬, 석 등에 관한 구체적인 설명을 하고 있어 적의제도가 정립되고 있음을 보여주고 있다. 고종 때 왕이 황제로 격상되면서 적의 또한 황제비가 입던 푸른색으로 바뀌게 되었다. 적의에 있어서 세종대학소장 순정 효 황후의 유품에는 꿩의 문양이 전후 각 12등, 154쌍이 직성 되어 있으며, 동경국립박물관에 소장된 영왕비의 유품에는 9등, 132쌍이 직성 되어 있다. 조선시대 최고 신분의 여성 복식이었을 뿐만 아니라 상하 신분이 뚜렷한 계급사회에서 그들의 신분적 위치와 권위의 상징으로 표상되기도 하였다. 왕비의 혼례복 중 가장 화려한 맛을 풍기는 의복은 적의(翟衣)는 가례의 절차 중에서 책비, 친영, 동뢰연을 행할 때 입던 예복으로 조선시대 최고 신분의 여성을 상징하는 복식이다. 적의는 꿩무늬를 수놓은 포를 말하는 것으로 꿩무늬는 친애해로(親愛偕老)를 상징한다. 또한 착용자의 신분에 따라 황후는 12등분, 황태자비는 9등분하여 적문과 그 사이에 소륜화(小輪花)를 직금한다. 깃, 도련, 소매끝에는 홍색으로 선을 두르며 그 선에 황후는 운룡문, 황태자비는 운봉문을 직금한다. 12등 아청 적의의 경우, 심청색 바탕의 직물을 12등분하여 적문을 넣었는데 대개 148쌍이었고, 또한 작은 윤화를 사이사이에 넣었으며 홍색의 깃과 도련 및 수구의 홍색 선에는 운용문(雲龍紋)을 직금 하였다. 지금 현존하는 활옷의 유물은 연대와 착용한 사람은 분명치 않으나 순조의 차녀 복온 공주가 혼례 때 활옷의 발굴로 다른 활옷과 비교할 수 있다. 특히 궁중에서 지어진 활옷의 직물은 바탕색과 자수실의 조화, 문양의 구성, 소매길이, 화장, 배래 등 기장의 대비가 보는 사람으로 하여금 고상함과 안정감, 화려함은 연꽃과 십장생 등으로 무한한 격조를 높이고 있다. 활옷 일습은 조선시대 대외명부와 서인 여자예복 중에서 혼례복으로 사용된 전통복식으로 자수와 부금 등 공예장식이 화려하게 수놓아진 대례복이다.

의 문단(紋緞)을 사용하여 홑으로 지었는데 138쌍의 꿩과 오얏꽃 형태

▶ **하피** : 적의를 입을 때 어깨의 앞뒤에 늘어뜨리며 한폭으로 길게 되어 있어 목에 걸쳤는데 등뒤에서는 보(補)아래까지 반원으로 늘이고 가슴앞에서는 가지런히 늘어뜨려 두 폭이 겹치지 않게 맞는다.
▶ **동뢰연** : 신랑과 신부가 의례를 마치고 마주앉아 술잔을 나누는 의식
▶ **아청색** : 검은 파랑. 야청색이라고도 하며 청금석 색을 말한다.

1 영친왕비 9등 적의

의 소륜화(小輪花) 168개의 무늬가 9등으로 짜여져 있다. 깃 ·도련 ·섶과 수구에는 홍색 운봉문직금단(雲鳳紋織金緞)으로 선을 둘렀는데 연금사(撚金絲)로 직금하였다. 톡톡한 적의의 앞 뒤 그리고 어깨에는 오색색사와 금사로 수를 놓은 너비 17.5cm의 오조룡보가 달려있는데, 어깨에는 고대 바로 옆에, 뒤는 뒷고대중심점에서 6.5cm나 내려온 곳에 달았다.

소매가 넓고 수구에는 19.5cm 아래에 홍색 박쥐 매듭를 달았으며, 겉고름은 너비 8.3cm에 긴 고름은 93cm, 짧은 고름은 83cm이고 안고름은 각각 93cm, 86cm이다. 겨드랑이 부분에는 너비 2cm, 총길이 81cm의 대대고리를 달았는데 37cm되는 지점에서 반으로 접어 8.5cm 되는 부분에 바느질하여 고리를 만든 후 바느질한 부분을 겨드랑이 밑에 두고 박음질로 고정시켰다.

심청색 공단으로 만든 크기 77啐cm의 등바대는 뒷고대를 중심으로 공그르기로 고정하였고, 진동 주위에는 남색 오호로단(五葫蘆緞)으로 만든 20啐cm의 겉

바대를 공그르기로 달아주었다.

뒤쪽에는 쌍밀이 기법으로 만든 2cm 길이의 고리가 달려 있는데 양쪽 고대점에 1개씩, 뒷고대 중심점에서 18.5cm 내려온 보 위에 1개, 이를 중심으로 좌·우 18cm 간격으로 1개씩, 그리고 등솔선 끝에 1개로 총6개를 볼 수 있다. 광무 원년 (1897) 제정된 《대한예전》에 황태자비의 적의는 심청색에 꿩무늬[적문(翟文)] 138 쌍(9등)과 소륜화를 짜 넣고 홍색깃[홍색령(紅色領)]에는 운봉문을 직금(織金)한다고 기록되어 있다.

〈그림 16〉 영친왕비 적의(英親王妃翟衣)

〈그림 17〉 적의 용보

〈그림 17-1〉 청 용보

2　십이등 적의

　　청적의 적의는 뒷 길이가 143.8cm, 화장 104.6cm, 진동 24.2cm, 뒤품 53cm, 고대 17cm, 소매 너비 70cm, 수구 19.5cm, 선 너비가 9cm이다. 적의(翟衣) 차림을 할 때 가장 겉에 입는 포(袍) 형태의 옷이다. 꿩 무늬[적문(翟紋)]를 일정한 간격으로 규칙적으로 넣어 직조한 천으로 만든 옷의 명칭이다. 조선시대 왕비나 왕세자빈은 무문(無紋)이나 화문(花紋)의 대홍색(大紅色) 적의와 흑색 적의를 각각 사용했고, 대한제국 황후와 황태자비는 심청색(深靑色) 적의를 착용했다. 황후와 황태자비, 왕비와 왕세자빈의 적의에는 양 어깨 ·가슴 ·등의 4곳에 둥근 용보(龍補)를 단다. 왕 세손빈은 방형(方形)의 흉배를 2개만 단다. 용보에 수놓인 용의 발톱 수는 황후·황태자비적의 착용 모습·왕비가 5개, 왕세자빈이 4개, 왕 세손빈이 3개이다. 적의(翟衣)·중단(中單)·전행 웃치마·대대(大帶)·수(綬)·폐슬(蔽膝)·패옥(佩玉)·옥대(玉帶)·하피(霞帔)·말(襪)·석(舃)·규(圭)가 일습이다. 이 적의는 영친왕비가 1922년 순종을 알현할 때 착용했던 대례복으로서 고종의 마지막부인인 이방자 여사가 착용하였다. 〈그림 17〉 왕의 용보인데 궁의 예복에 따라 용보의 모양이 다르게 사용되기도 한다.

〈그림 18〉 청적의 적의

雉翟衣

〈그림 19〉 치 적의

2 치적의 (雉翟衣꿩문양)

대왕대비의 치적의는 모든 구성원이 왕비의 예복과 같다.

가례나 국경일에 착용하는 법복이다. 적의는 왜란도중 왕후의 칠적관을 비롯한 예복이 소실되는 등 혼란을 겪기도 했다. 17세기 인조와 장렬왕후의 가례도감의궤에 표현된 대례복은 대삼과 후기 적의의 과도기 적인 모습으로 그 형태를 추측해 볼 수 있다. 18세기 적의는 영조대 국조속오례의서례에는 조선식 의례가 완전히 자리 잡은 적의는 가장 대표적인 형태로 기록되어 있다.

흑
적
의

〈그림 20〉 흑 적의, 왕세자빈의 혼례복 일습

| 4 | 흑적의 |

흑색은 음, 재앙, 흉을 상징, 북과 겨울 상징, 만물의 쇠태를 의미를 가지고 있다 하지만 궁중복식에서 조관 회의복, 종묘제례 시 대례복이나 전란시 비상복으로 입기도 한다. 흑적이는 문헌자료에 거의 나타나지 않고 있는데 조선왕조실록 성경66권 문헌자료에 "총령왕과 제국대장공주의 혼인이 결정되는 것은 원종 원년 (1260) 8월에 태자로 책봉되었고 13년(1272)에 원세조의 딸 쿠투루칼리미쉬공주에게 장가 들었으며"라고 했다. 아마도 이때 혼례복으로 입을 것으로 추정해 본다.

〈그림 21〉 자 적의(왕후)

　　　　　　　　　　　　　　　　　　　　　자 적의

　　1868년 고종을 즉위하게 하여 대왕대비로 수렴청정하게하신 신정황후(조대비)
가 착용한 적의다.

　　초기 궁의 왕비나 정4품 이상의 벼슬아치들의 부인들이 입는 예복으로서 적의 다음가는 가장 존귀한 옷이었음을 알 수 있다. 고려시대 황후의 모습으로 복식을 착장하고 있다. 노의는 장삼, 원삼 등에 드리운 금박 한 "대"를 말 한다.

　　중궁전 법복(法服)으로 되어 있는 적의(翟衣)·별의(別衣)·내의(內衣)·폐슬(蔽膝)·대대(大帶)·수(綬)·하피(霞帔)·상(裳)·면사(面紗)·적말(赤襪)과는 판이한 구조를 가지고 있으며, 금원문의 흉배가 있고 노의대가 있는 왕비의 상복(常服)으로 1412년(태종3) 사헌부의 상소에 "노의(露衣)·오(襖)·군(裙)·입(笠)·모(帽)는 존자(尊者)의 복(服)인데, 장사치의 천녀도 다 이를 입고 있으니 이제부터 4품 이상의 정처(正妻)는 입어도 좋되, 5품 이하의 정처는 다만 장삼(長衫)·오(襖)·군(裙)·입(笠)·모(帽)를 입을 뿐이요 노의를 입을 수 없도록 하소서."라고 되어 있어 조선 초기부터 있어온 옷임을 알 수 있다.

　　이것은 원삼(圓衫)과 비슷하나 깃이 곧은 옷으로 여겨진다. 수구에는 남색 태수를 달고 자색대를 부금(附金)하여 늘이고 노의 전면에는 315개의 둥근 쌍봉문을 부금한 것으로 매우 화려하다.

원삼은 고려시대부터 대례복으로 내명부와 신부의 상복(上腹)으로 되어왔다.

여자의 대례복으로 신분에 따라 그 색과 문양을 달리 하였다. 황후는 황색길에 소매가 넓으며 끝에는 다홍색과 남색의 색동과 흰색의 한삼을 달고 용문을 직금 또는 부금한 원삼을 입었고, 왕비는 다홍색 또는 남색의 끝동에 한삼을 달고 봉 문을 금박한 홍원삼을 입었으며, 빈궁은 자적색 길에 노란색과 다홍색 끝동과 한 삼을 달고 봉문을 금박한 자적삼을 입었다.

수식은 어염족두리위에 어유미를 하였으며, 황색비단 석(鳥)신을 신었다. 중앙에 는 선봉잠과 좌우는 떨잠으로 장식을 하였다.

손경자 역, 중국복식 500년 下편 p.432 에서 3가지의 적의가 있는데 첫째, 휘 의로서 검은옷에 꿩무늬 12줄을 수놓고 오색으로 채색한 것이며, 둘째, 요적으로 푸른바탕에 매의 무늬 12줄을 수놓고 오색으로 채색한 것이며, 셋째, 궐적으로서 붉은 바탕에 꿩의 형태를 수놓았을 뿐 오색으로 채색하지 않는 것이다. 라고 하였 으나 송대 면복의 옷 색이 검은색에서 푸른색으로 바뀌었다라고 기록 되어 있는 것으로 보아 흑적의 사라지고 청적의로 사용되었던 것으로 본다.

〈그림 22〉 황원삼

붉은 바탕색의 옷이라 하여 홍장삼(紅長杉)이라 불렸던 활옷은 공주 옹주의 대례복으로 궁중예복 가운데에서도 매우 화려하고 아름다운 옷이며 상류 계급에서는 가례 (嘉禮)때 착용 하였고 일반 서민들은 혼례 때에만 착용을 허용하였다. 조선 시대 활옷의 형태를 보면 뒷길이 앞길 보다 길고 고대 밑에 반원 모양의 백지가 있으며 겨드랑이 아래는 꿰매지 않아 앞길과 뒷길이 떨어져있고 크고 긴 소매는 직선아래로 색의 색동이 있으며 깃이 없고 한지로 동정을 만들어 앞길에 달았다고 하였다.

주로 활옷에 표현된 문양은 장수와 길복을 의미하는 물결무늬(불로초 바위, 크고 작은 산, 호랑나비, 연꽃, 불로초, 목단꽃, 동자문) 등을 사용하여 신랑 신부의 복된 결혼을 뜻하는 의미와 부부의 부귀 장수를 뜻하는 문자들을 사용 하였다.

〈그림 23〉 조선 중기와 후기에 여자의 혼례복으로 많이 사용한 것은 활옷과 원삼이다. 특히 활옷은 공주와 옹주의 대례복으로서, 서민에게는 혼례 때에 한하여 사용이 허락되었다

〈그림 24〉 활옷 전면

〈그림 25〉 복온 공주 활옷 좌측과 우측

〈그림 26〉 저고리는 길이가 24cm, 화장62cm, 진동 19cm, 뒷품 39cm 이다. 저고리는 대한제국 고종황제의 딸 덕혜옹주가 일본에 머물 당시 남긴 조선왕실 복식 유품 중 하나이다. 일본 문화학원 복식박물관이 영친왕 부부로부터 기증받아 소장하고 있던 것을 2015년 국립고궁박물관에 다시 기증한 것이다.

저고리는 소매가 좁은 상의이고, 반회장저고리는 깃, 끝동, 고름을 다른 색의 옷감으로 꾸민 여자 저고리로서 송화색 숙고사(熟庫紗)를 겉감으로 하고 안감은 흰색의 얇은 무명을 사용하였으며 깃, 끝동, 고름을 홍색 숙고사로 한 반회장저고리이다. 저고리의 겉·안감 사이에 솜을 얄팍하게 두었다. 궁중발기(宮中件記) 등 조선시대 말기 궁중 기록에 의하면 송화색 반회장저고리는 분홍색 저고리 위에 겹쳐 입고 그 위에 당의를 입어 당의 삼작(三作)을 갖추었다.

〈그림 27〉 단속곳은 길이 61.5cm, 허리둘레 52cm 이며, 대한제국 고종황제의 딸 덕혜옹주가 일본에 머물 당시 남긴 조선왕실 복식 유품 중 하나이다. 단속곳은 치마 바로 아래 입는 속옷으로 속치마와 같은 구실을 하였다. 단속곳을 입어야 버선목이 가려지고 옷맵시를 갖추게 된다. 대나무잎과 꽃무늬가 가득 차 있는 연노랑색 우이중(羽二重)으로 지은 어린이용 단속곳은 허리에는 좌우 4개씩 모두 8개를 맞주름으로 잡았으며 허리선 아래 가장자리를 둘러가며 상침하였다. 예복을 갖출 때 착용했을 것으로 보인다.

〈그림 28〉 별문생고사 부금 스란치마 길이는 63cm, 폭 175cm, 허리 59.5cm 이다. 이 스란치마는 조선 왕실과 대한제국 황실 여성이 적의(翟衣)나 원삼(圓衫), 당의(唐衣) 등의 예복 차림을 할 때 하의(下衣)로 갖추어 입는다. 일반치마보다 폭이 넓고 길이가 길며 직금(織金)이나 금박으로 장식한 스란단이 치마 아래쪽에 부착되어 있는 치마는 초록 문항라 당의와 한 벌을 이룬다.

홍색 생고사(生庫紗)로 겉을 하고 분홍색 모시로 안을 댄 겹 스란 단에는 '복(福)', '백(百)', '세(歲)', '수(壽)', '남(男)'등의 문자와 석류, 여지, 영지 등의 화초(花草) 무늬를 금박하였다. 〈그림 29〉 문항라 부금 당의는 20세기 것으로 길이는 40cm, 화장 34cm, 진동 2.3cm, 뒷품 23.5cm이다. 당의는 대한제국 고종황제의 딸 덕혜옹주가 일본에 머물 당시 남긴 조선왕실 복식 유품 중 하나이다. 궁중에서 평상 시에 소례복(小禮服)으로 입는 옷의 당의는 저고리에 비해 옷자락의 길이가 길고 양 옆이 트여 있으며 소매 끝에 거들지가 달려 있다. 왕실 여성들은 당의에 보(補)를 달고 금박(金箔)을 입혔으나, 상궁이나 일반 양반 여성들의 당의에는 이러한 장식이 금지되었다.

초록색 문항라(紋亢羅)로 지은 홑당의는 크기로 보아 덕혜옹주가 돌 무렵에 착용했던 것으로 보인다. 당의의 가슴과 등, 양 어깨에 오조룡(五爪龍)을 금박한 보(補)가 부착되어 있다. 앞길과 뒷길, 고름, 소매 등 전체에 '수(壽)', '복(福)'자를 금박하였으며, 소매 끝의 흰색 거들지에도 금박을 올렸다.

〈그림 26〉 저고리

〈그림 27〉 단속곳

〈그림 28〉 별문생고사 부금 스란치마

〈그림 29〉 문항라 부금 당의

배천조(裵天祚1532~?)복식복원 조선중기 성산배씨 문중 출토복식 복원전은 시아버지인 배천조 묘에서 수의나 보공으로 사용 되었던 복식유물과 염습구를 포함하여 총 27건44점의 유물리 출토되엇다. 작품에 사용된 직물은 무명과 명주가 대부분이며, 일부 의복의 안감으로 교직(위사응 면사, 경사는 견사) 이 사용뇌었다.

〈그림 30〉 윤경순 작가: 저고리

성산배씨문중 출토

재현 작품

〈그림 31〉 김경미 작가: 저고리

성산배씨문중 출토

재현 작품

〈그림 32〉 이가민 작가: 저고리

성산배씨문중 출토

재현 작품

〈그림 33〉 송지연 작가: 저고리

성산배씨문중 출토

재현 작품

〈그림 34〉 한순례·정금주 작가: 치마

성산배씨문중 출토

재현 작품

〈그림 35〉 한순례 작가: 치마

성산배씨문중 출토

재현 작품

<그림 36> 시아버지와 며느리의 나들이
(건국대 의상학 침선반 전시) 배천조 묘, 고성남씨 묘 유물수습 장면

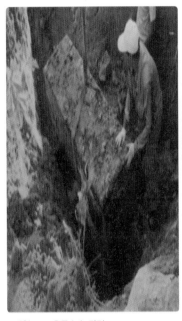  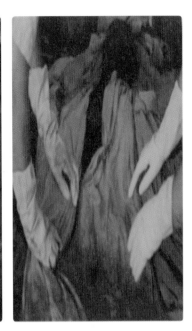

배천조 묘 유물수습 장면

 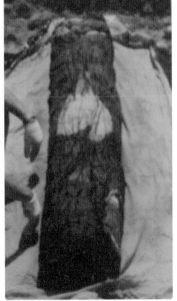 

고성남씨 묘 유물수습 장면

03 고분 인물과 유물에 사용된 쓰임새

1 배천조씨 묘 유물

성산배씨는 고려 태조 태사 개국일등공신인 무열공 휘 현경의 23세손으로 풍채가 좋고 강직한 심성을 갖춘 인물로서 임진왜란 때 정기룡 장군과 추풍령전투에서 참전하였다. 2004년 9월 2일 충북영동 성산 배씨 문중에서 이장을 하던 중 의복이 출토되었다.

복식을 수습한 묘는 10대조 배천조(裵天祚1532~?)씨는 성산 배씨문중의 시아버지 배천조에서 수습된 유물은 피장자가 가장 안쪽에 착용하고 있던 적삼(赤衫)과 속바지, 직령포 및 버선을 제외한 수의(壽衣)와 보공(補空 빈곳을 채워 넣는 물건), 염습구(殮襲具)를 포함하여 총27건 44점의 복식이 수습되었다. 배씨 문중 출토복식은 16세기 중반에서 17세기 중반에 이르는데 포 종류가 총 12점, 시복1점, 직령포 1점, 도포 3점, 중치마 6점, 과두 1점 등은 우리복식은 변화상을 보여주고 있다.

2 고성남씨 묘 인물

남씨는 당나라 봉양부(鳳陽府) 여남(汝南)에서 온 사람이라 하여 경덕왕(景德王)으로 부터 남씨(南氏)를 사성(賜姓)받고 이름을 민(敏)으로 개명(改名)하였다. 김충(金忠)이 755년(경덕왕 14)에 안렴사(按廉使)로 일본에 다녀오다가 대마도 부근에서 풍랑을 만나 신라(新羅)에 표착(漂着)하였다. 김충은 신라의 땅 지금의 경북 영덕군 축산면 죽도에 당도하여 신라에 귀인 한다. 그의 아들은 영해 김씨의 시조가 된다. 남민의 7대손 남진용(南鎭勇)의 세 아들 중 셋째 아들 남광보(南匡甫)가 고성 남씨(固城南氏)의 시조(始祖)가 되었다.

3 궁 제례시 사용된 궤의 다양성

(1) 보(몸체簠體)

유물번호 종묘6673 재질 놋쇠, 크기, 세로 23.5, 가로 28.3, 높이가 11.4cm 이다.

곡식을 담아 제상의 가운데에 올리는 제기들로 몸통이 사각형인 것이 보이다. 조선시대 보궤는 송대(宋代)주자(朱子)의 『석전의(釋奠儀)』도설을 따라 보는 사각형, 궤는 원형의 용기이며 몸체 전면에 수파문·뇌문 등의 기하학적 무늬와 귀면을 장식하였다. 보는 쌀(도(稻))과 수수(양(粱))를, 궤는 메기장(서(黍))와 찰기장(직(稷))을 담아 신위 한 위(位)당 한 쌍씩 올렸다.

〈그림 37〉 보(몸체)

(2) 용작(龍勺)

유물번호 종묘 6044 길이가 40.2cm이다. 술과 물을 뜰 때 사용하는 제기로 작은 표주박 모양에 긴 자루가 붙어있고 손잡이에 용머리가 달려있다.

〈그림 38〉 용작

〈그림 39〉 용찬

(3) 용찬(龍瓚). 규찬(圭瓚)

　유물번호 종묘8720 크기의 높이가 5.8(cm) 이며 세로: 17.0(cm), 가로: 41.5(cm)
이다. 신을 부르는 신관례(晨祼禮) 때 울창주를 붓는 도구이다.

　찬은 '용찬(龍瓚)' 또는 '규찬(圭瓚)'이라고도 하며, 신관례에서 지하의 백(魄)이
술의 향내음을 따라 올라와 신주에 임하도록 찬에 울금향의 술[울창주(鬱鬯酒)]
을 담아 신실 바닥에 뚫린 관지통(灌地筒)에 붓는다. 찬은 잔의 모양에 용머리와
손잡이를 부착하였는데 용머리에는 수주(水注)가 있다. 접시형의 받침대인 찬반
(瓚盤)과 한 쌍을 이룬다.

〈그림 40〉 코끼리 모양 술동이

(4) 상준(象尊) 코끼리 모양 술동이

유물번호 종묘7134 길이가 38.0cm, 최대 높이는 35.0cm이며, 신에게 술을 바치는 헌작(獻爵) 절차에 쓰이는 술을 담는 항아리이다. 종묘 제향에는 소와 코끼리 형상을 본 뜬 희준과 상준, 양과 음의 모양을 형상화한 착준과 호준 네 가지 종류가 쓰인다. 코끼리는 큰 짐승으로 남월(南越)에서 생산되기 때문에, 봄·여름 제사에 코끼리를 형상화한 상준을 사용하였다. 몸체에 뚜껑을 덮어 몸통에 술을 보관한 형태와 몸통 위에 항아리를 올려 항아리에 술을 보관한 두 가지 유형이 전해진다.

(5) 향로(香爐) 동제향로

유물번호 몸체 종묘 9697 뚜껑 창덕, 19579 몸체의 높이 28.5cm, 지름, 30.5cm 뚜껑 높이9.5cm, 지름이16.2 cm이며, 초 제작년도 20세기이다. 사자 장식을 갖춘 뚜껑이 있는 세 발 달린 정형(鼎形) 향로로, 나무받침대가 부착되어 있다. 몸체는 가운데가 원통형이고 아래로 갈수록 좁아지는 형태이다. 몸체 중앙에는 한 쌍의 봉황문을, 몸체의 하단과 목 부분에는 변형된 뇌문(雷文)을 둘러 새겼다. 몸체의 양쪽에는 박쥐형 고리가 달린 죽절형의 손잡이를 달았다. 이 향로는 고종이 즉위한 지 40주년이 되는 동시에 51세 망육순(望六旬)이 되는 해를 기념하여   제작된《어진도사도감의궤》에 실린 향로 도설과 거의 일치한다.

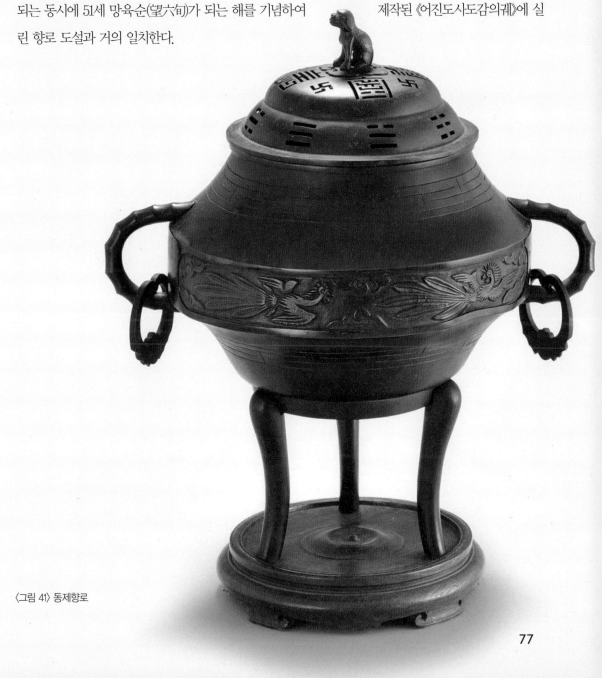

〈그림 41〉 동제향로

04

수식과 장신구

장신구는 미적 조화와 조형성의 조건을 갖추고 있어 의복과 함께 다양한 모습으로 복식미가 나타난다. 조선시대 장신구는 한복과 조화를 이루며, 몸을 한층 더 아름답게 단장하기 위한 몸치레용으로 머리를 꾸미는 수식용품들은 그 시대의 많은 변수들을 담아내며, 정신적인 개념을 읽어 낼수 있는 산물이자 물증이다.

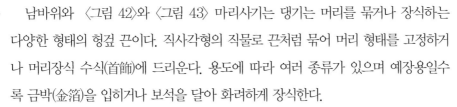

01 수식 · 장식의 용도

남바위와 〈그림 42〉와 〈그림 43〉 마리사기는 댕기는 머리를 묶거나 장식하는 다양한 형태의 헝겊 끈이다. 직사각형의 직물로 끈처럼 묶어 머리 형태를 고정하거나 머리장식 수식(首飾)에 드리운다. 용도에 따라 여러 종류가 있으며 예장용일수록 금박(金箔)을 입히거나 보석을 달아 화려하게 장식한다.

〈그림 44〉 영친왕비 앞댕기 댕기는 머리를 묶거나 장식하는 다양한 형태의 헝겊 끈이다. 직사각형의 직물로 끈처럼 묶어 머리 형태를 고정하거나 머리장식 수식(首飾)에 드리운다. 용도에 따라 여러 종류가 있으며 예장용일수록 금박(金箔)을 입히거나 보석을 달아 화려하게 장식한다. 장식의 용도에 있어서 귀부인 노리개는 〈그림 45〉 연꽃 모양과 나비모양의 장식이 화려함을 더하여 준다.

〈그림 46〉 백옥쌍 나비단작노리개는 백옥 ·진주·은·홍파리·청파리·비취모·견사·은의 재질과 술의 길이가 50.2cm, 세로: 9.4, 가로: 6.2cm의 노리개는 여성들이 저고리 고름이나 치마 허리끈에 차는 장식이다. 주체부에는 산호·밀화·비취·은칠보·금 등의 값비싼 보석을 쓰는데, 원재료를 그대로 쓰기도 하고, 박쥐 ·나비·불수(佛手) 등 상서로운 물건 형태로 만들기도 하며, 무늬를 새기기도 한다.

삼작노리개는 크기에 따라 대삼작 ·중삼작 ·소삼작 ·소소삼작으로 나뉜다. 이 노리개는 영친왕의 형 이강(李堈) 공의 부인 효영(孝榮)씨가 1941년 영친왕비에게 선물한 노리개 중의 하나이다.

〈그림 47〉 자마노주머니 삼작노리개 재질은 마노옥·진주·견사·금사·은을 사용하며 길이는 29.0cm이다. 주체부에는 산호·밀화·비취·은칠보·금 등의 값비싼 보석을 쓰는데, 원재료를 그대로 쓰기도 하고, 박쥐·나비·불수(佛手) 등 상서로운 물건 형태로 만들기도 하며, 무늬를 새기기도 한다.

영친왕의 형 이강(李堈) 공의 부인 효영씨가 1941년 영친왕비에게 선물한 노리개 중의 하나이다. 이러한 장신구 외에 비녀, 첩지, 떨잠, 뒤꽂이, 댕기, 화관, 족두리, 그리고 각종 노리개 , 도투락댕기, 굴레, 조바위 외에 가락지, 귀걸이 등이 있다. 비녀를 살펴보면 한자어로 잠(簪), 계(筓), 채(釵)가 있는데 이중 채와 잠 두 종류 중 채는 ∩형 몸체 위 부분에 장식이 달려 삼국시대에서 고대까지 장식비녀라는 이름을 사용하였으며, 조선시대에 이르러서는 잠은 가로로 길죽한 몸체에 잠두 비녀머리가 널리 사용되었다.

〈그림 42〉 남바위

〈그림 43〉 영친왕비 마리사기

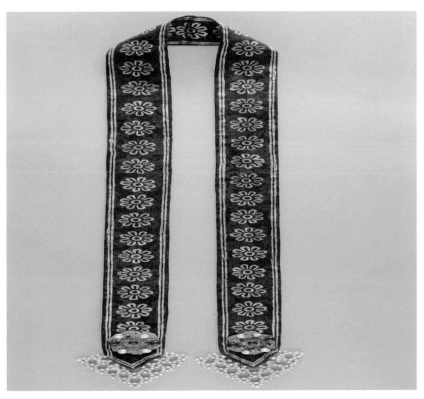

〈그림 44〉 영친왕비 앞댕기

〈그림 45〉 귀부인 노리개

〈그림 46〉 백옥쌍나비단작 노리개

〈그림 47〉 자마노주머니삼작 노리개

수식장신구는 미적 조화와 조형성의 조건을 갖추고 있어 의복과 함께 다양한 모습으로 복식미가 나타난다. 비녀는 수식품(首飾品)의 일종으로 '계(筓)', '잠(簪)', '채(釵)' 등으로 불리우며 쪽진 머리나 관(冠) 등 머리 형태를 고정하거나 장식하기 위해 꽂는 도구이다.

민간의 부녀자들이 예장시에 즐겨 착용하였다. 〈그림 48〉 화유옹주 백옥석류 잠은 길쭉한 석류꽃과 화려하고 정교한 씨앗 표현이 특징적이다. 석류는 붉은 주머니 속에 씨앗들이 빈틈없이 들어있어 다손(多孫)과 다남(多男)을 상징하였고, 이로 인해 민간의 부녀자들이 예장시에 즐겨 착용하였다. 〈그림 49〉 도금석류잠은 18세기에 제작되었으며 조선시대 영·정조 때 문신인 황인점과 그의 부인 화유옹주의 합장묘 부장품이다.

〈그림 50〉 진주동곳 꽂이는 비녀와 형태는 비슷하나 장식 부분이 비교적 크고 길이는 짧은 편이다. 머리에 꽂아 장식하는 용도이지만 가체의 앞 꽂이로 사용된 것으로 꽂이머리는 반구상으로 만들고 위로부터 연판문, 당초문, 거치문을 음각하고, 그 위의 동서남북 4개소와 비녀머리 끝에 진주를 배치하고 진주는 매화문 장식의 작은 못으로 고정시켰다. 굵은 꽂이가 2개 달려있다. 전체적으로 금도금을 하였다.

〈그림 51〉 도금두잠은 쪽진 머리나 관(冠) 등 머리 형태를 고정하거나 장식하기 위해 꽂는 도구이다. 왕실 여성들은 계절에 맞추어 다양한 형태의 비녀로 치장하였다. 봄에는 모란잠(牡丹簪), 봄·가을에는 매죽잠(梅竹簪), 여름에는 민옥잠(珉玉簪), 겨울에는 용잠(龍簪)을 주로 사용하였다. 예복용으로는 봉잠(鳳簪)을 주로 사용했다. 〈그림 52〉 용잠은 궁중에서 예장과 일상용으로 두루 사용하였다. 잠두에 여의주를 물고 있는 용의 모습을 표현한 것이 특징적이다.

입에는 붉은색 밀랍을 채워 넣어 용이 뿜는 화염을 표현하였고, 밀랍 속에 홍파리를 살짝 보이게 심어 여의주를 입에 문 형상을 나타내고 있다. 두 눈에 작은 진주를 박았으나 결실되었다. 이 용잠은 대수머리 가체의 앞면 좌우에 사용되는 비녀로 영친왕비의 가체에 표시된 명칭에 "소룡잠"이라 적혀있다. 〈그림 53〉 매죽잠은 매화와 대나무 잎을 주요 문양으로 사용한 비녀이다. 이 매죽잠은 매화 장식이 축소되었으나, 다른 유형의 매죽잠과 구성 방식이 유사하다. 비녀머리 아래쪽에 일정 간격으로 대나무 마디를 넣었고, 대나무 마디의 사이마다 영지, 매화, 대나무를 음각하였다.

비녀머리 위에는 높이가 높은 커다란 천연 진주 하나를 놓고 그 가장자리를 대나무 잎으로 감쌌으며, 대나무 잎은 비취모(翡翠毛)로 장식하였다. 〈그림 54〉 적의 수식 정면의 꼭대기에 착장하였던 꽃이로, 백옥판(白玉板)에 도금한 꽃이를 연결한 것이다. 백옥판의 중앙에는 원수문(圓壽紋)을 놓고 그 좌우에는 두 마리의 봉황을, 윗부분에는 당초문(唐草紋)을 투조(透彫)하였다. 이 백옥판의 상부와 하부에 5개의 진주와 중간에는 청파리와 홍파리를 적절히 배치하여 윗부분의 백옥판 난집에는 보상화문과 길상문을 음각하여 배치하고 바탕은 세밀한 어자문기법으로 메우기도 하였다.

난집 위에는 청파리를 1개씩, 진주와 청·홍파리를 물린 난집은 얇은 금속판에 완자문을 찍어 만들어 옥판에 고정시켰다. 〈그림 55〉 봉잠(鳳簪)은 길이가 18.7㎝이며 비녀 머리를 봉황의 모양으로 만든 것이다. 4각형으로 된 긴 꽃이의 꽃이머리에는 삼엽형의 장식을 좌우로 두껍게 만들어 붙이고, 그 좌우 양옆에 비취모로 장식된 8엽 화형 받침위에 당초5발 난집으로 청파리를 하나씩 물리고, 앞면은 비취모로 장식된 8엽 화형 받침위에 3발 화형난집에 홍파리를 하나 물렸다.

두껍게 만들어진 삼엽형 장식위에 날개를 활짝 편 봉황이 올려져 있다. 양 날개 죽지에는 큰 진주 하나씩을 두었으며, 꼬리 끝부분에는 중앙에 홍파리를 놓고 그 좌우에 작은 진주를 한 개씩 물렸는데 난집은 모두 3발 화형 난집이다. 봉황의 눈에는 작은 진주를, 벼슬에는 작고 각진 홍파리를 감입하였다. 〈그림 56〉 떨잠은 여성들이 예복을 입을 때 머리에 꽂는 장식이다. 착용자가 움직일 때마나 옥판 위의 장식이 떨리듯 흔들린다 하여 붙여진 명칭이다. 원형이나 나비형의 옥판 위에 옥과 진주 등을 붙여 만든 나비와 새 모양 장식이 부착된 용수철이 달려 있다. 옥판 아래에 달린 납작한 머리꽂이로 머리에 고정한다.

대수 ·어여머리 ·큰머리 등에 사용하며 머리의 앞쪽 중심과 좌우에 대칭으로 꽂아 장식한다. 〈그림 57〉 떨잠은 둥근 옥판 중앙에 "수(壽)"자를 투조하였다. 둘레를 화형으로 다듬은 백옥판 위에 "수(壽)"자와 새, 불로초, 박쥐, 영지를 옥판의 가장자리에 은세공하여 배치하였다. 중앙에는 망사기법으로 만든 연화를 배치하고 그 위에 거미발 난집에 홍파리를 물렸다.

가장자리의 "수(壽)"자와 새, 불로초, 박쥐, 영지 사이사이를 비취모로 장식하였다. 가장자리 은세공된 장식물 위는 등간격으로 4개소에 진주를 얹었으며, 진주 사이의 4개소에 청파리 2개와 홍파리 2개를 거미발 난집에 물렸다. 산호를 감입한 진주 떨새 4개와 홍파리를 물린 불을 뿜는 화염주를 표현한 떨새 2개가 달려 있다. 두 점이 한쌍을 이룬다. 〈그림 58〉 나비 떨잠은 나비 형태로 조각된 백옥판 위에 나비의 머리, 가슴, 배, 날개를 은세공하여 만들어 붙이고, 문양면은 어자문 기법으로 처리한 후 그 위에 비취모를 부착하였다.

나비 날개의 네 귀퉁이에 국화 받침을 놓고 그 위에 진주를 놓았는데, 진주는 은사로 고정시켰다. 몸체의 가슴은 홍파리로, 배는 청파리로 표현하고 영지문난집으로 고정시켰다. 영지문 받침으로 표현된 머리에는 작은 아기 진주 2개를 박아 눈을 표현한 뒤, 더듬이 부분에는 산호 수술을 단 진주 떨새를 2개 달았다. 꽂이 끝에는 연화문 화판을 만들어 백옥판과 연결시켜 부착시켰다.

〈표 4〉 비녀의 명칭

종류	내용
용잠	용머리모양, 서민이나 낮은 관원의 아내는 사용할 수 없다
봉잠	왕비나 세자빈 사용, 쌍봉황 또는 용과 함께 장식
원앙잠	온례의식에 사용
어두잠	물고기를 조각하고 상징
석류잠	다산의 상징으로 석류알을 소재
호두잠	타원형의 호두 표현
매죽잠	매화와 죽엽을 소재로 매화의 꽃봉우리에는 상호를 물리고 수절하는 부인도 매죽잠 또는 죽잠 사용
국화잠	궁화 표현
화엽잠	연꽃봉우리 표현
초롱잠	풀의 엉킨 상태를 사실적 또는 단순화하여 표현
민잠	평상시 용, 부리부분이 각이 진 형태와 둥근 형태
매화잠	화려함을 꽃의 상징으로 절개를 매화로 표현

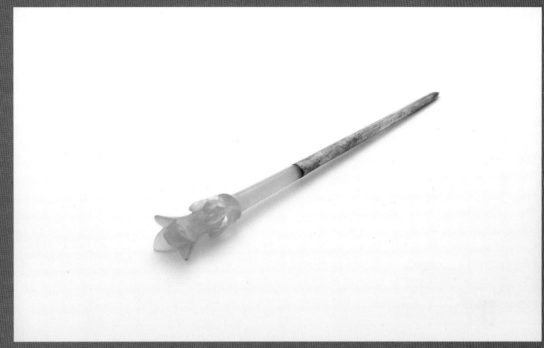

〈그림 48 〉 화유옹주 백옥석류잠

〈그림 49〉 화유옹주 도금석류잠

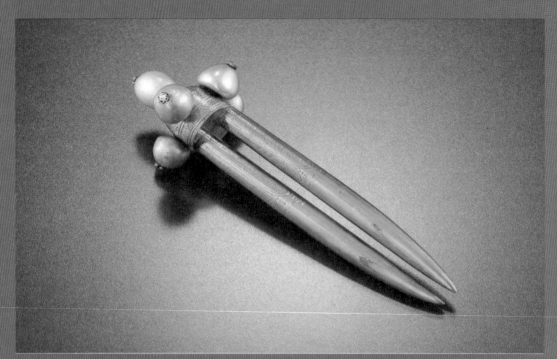

〈그림 50〉 진주동곳

〈그림 51〉 도금두잠

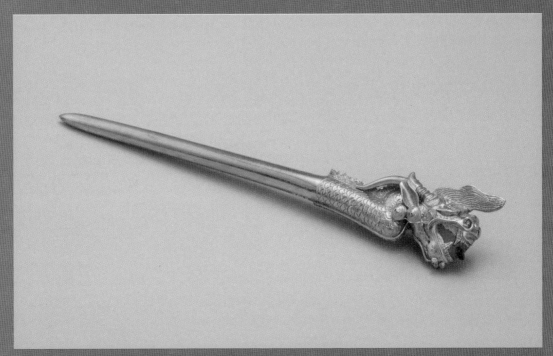

〈그림 52〉 도금용잠

〈그림 53〉 도금죽잠

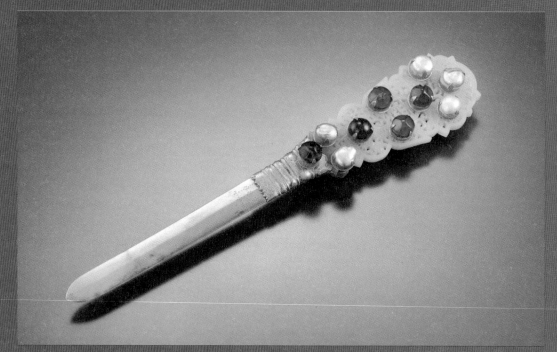

〈그림 54〉 백옥판

〈그림 55〉 봉잠

〈그림 56〉 백옥수자문떨잠

〈그림 57〉 백옥수자문떨잠

〈그림 58〉 백옥나비떨잠

화각면빗의 크기는 세로 3.2㎝, 가로 4.5㎝이며 〈그림 59〉 화각 면빗은 머리를 빗어서 땋을 때 흐트러진 머리카락이 없도록 가다듬어 넘기는 빗이다. 〈그림 60〉 주칠면빗과 재료와 모양이 같으나 크기에 있어서 모두가 한 둘레 작고 발도 촘촘하고 곱다. 반원형의 둘레에 꽃문양이 그려진 화각(畵角)을 덧붙여 장식하고, 반원형의 끝부분과 빗의 양옆은 검정색 안료가 칠해져있다. 〈그림 61〉 화각참빗은 크기가 세로 3.4㎝, 가로 4.2㎝이며 머리를 곱게 빗을 때 사용하는 것으로 빗살이 가늘고 촘촘한 대빗이다. 중앙에 넓적한 대쪽을 앞뒤로 붙이고 좌우에 촘촘하게 살을 박아 만들었다.

이 참빗은 등대에 꽃문양이 그려진 화각을 붙여 장식하였다. 〈그림 62〉 화각음양빗의 크기가 세로 7.1㎝, 가로 4㎝이다. 화각으로 된 음양소(陰陽梳)로 빗살을 한 쪽은 성기게 하고, 다른 한쪽은 촘촘하게 만들어 양쪽의 용도가 다르게 만든 빗이다. 형태는 사각형이며 등대에 꽃문양이 그려진 화각을 붙여 장식하였다.

〈그림 63〉 흑각 빗치개는 빗살 틈에 낀 때를 제거하거나 머리의 가르마를 타는 데 쓰이는 도구이다. 쇠붙이나 뿔, 뼈 등으로 만들며, 한쪽 끝은 둥글고 얇아서 빗을 치게 되고 다른 쪽 끝은 가늘고 뾰족하여 머리에 가르마를 타는데 쓰인다. 이 빗치개는 흑각[(黑角), 물소 뿔]으로 된 빗치개이다. 형태는 위쪽에서 부채형태로 둥글게 퍼진 것이 밑으로 갈수록 차츰 좁아진다. 군데군데 벌레 먹은 흔적이 있다.

〈그림 59〉 화각면빗

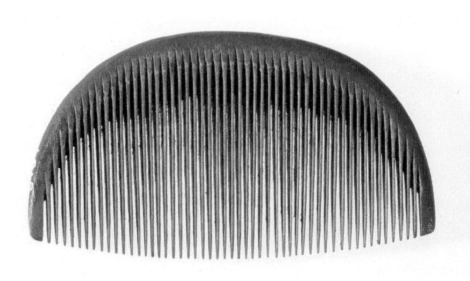

〈그림 60〉 주칠면빗

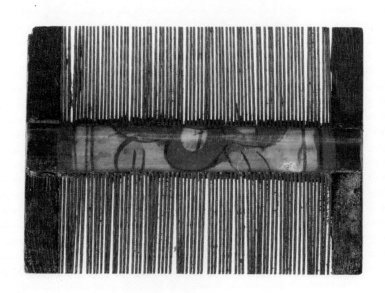

〈그림 61〉 화각참빗

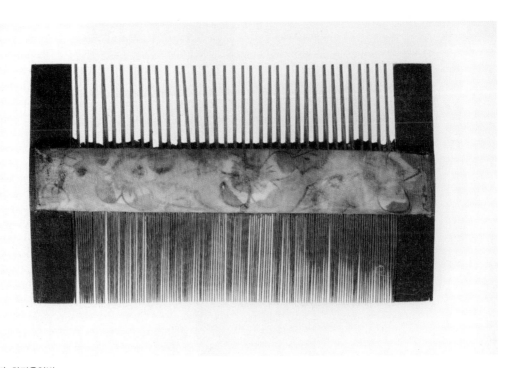

〈그림 62〉 화각음양빗

〈그림 63〉 흑각빗치개

어염족두리 〈그림 64〉 크기는 세로 18cm, 가로 11.3 cm, 높이 9.7cm 이다. 여성들이 어여머리를 할 때 밑받침으로 쓰는 것이다. 흑색 비단 안에 솜을 넣고 허리부분을 실끈으로 잘록하게 조여 만든 형태이다. 가운데 부분에 두 가닥 끈이 달려 있다. 가리마 위에 첩지를 얹고 그 위에 어염족두리를 쓴 뒤 끈을 쪽 뒤로 묶어 고정한다. 어염족두리는 붉은 공단 또는 보랏빛이 도는 진한 감색 공단 8조각 앞 3장, 뒤 4장, 허리 1장을 연결하여, 속에는 목화솜을 넣고 중앙에 잔주름을 잡아 허리를 자색 견사를 꼬아 만든 끈으로 조여 만들었다. 〈그림 65〉 족두리 크기가 세로 10.8cm, 가로 8.5cm로 예복을 입을 때 쓰는 관모의 하나이다. 정수리를 중심으로 여러 폭의 비단을 이어 형태를 만들고 안에 솜을 넣어 만든다. 윗면에 옥판(玉板)을 받치고 산호 ·진주 등으로 장식하기도 한다. 평상시에는 흑색을 쓰고 상중(喪中)에는 백색을 쓴다. 원삼(圓衫)이나 당의(唐衣)와 함께 착용한다. 영·정조 때 가체 금지령이 내린 이후 성행하였다.

〈그림 66〉 석웅황댕기 전체 길이 121cm, 석웅황 세로 6.9cm, 가로 5cm , 높이 3cm의 댕기는 머리를 묶거나 장식하는 다양한 형태의 헝겊 끈이다. 직사각형의 직물로 끈처럼 묶어 머리 형태를 고정하거나 머리장식수식(首飾)에 드리운다. 용도에 따라 여러 종류가 있으며 예장용일수록 금박(金箔)을 입히거나 보석을 달아 화려하게 장식한다. 〈그림 67〉 니사봉황앞 꽂이는 길이가 12.1cm, 너비 6cm로서 비녀와 형태는 비슷하나 장식 부분이 비교적 크고 길이는 짧은 편이다. 머리에 꽂아 장식하는 용도이지만 귀이개 ·빗치개 등의 실용성을 겸한 것도 있다. 머리를 장식할 때 앞머리 가르마 위에 꽂아 사용한 꽂으로 봉황의 머리와 몸체 부분을 도금한 니사로 촘촘히 엮어 만들고 날개 죽지는 니사를 꼬아 표현하였다.

날개와 꼬리는 은판으로 세공한 뒤 비취모로 장식하고 꼬리 위에는 망사기법으로 은사를 둥글게 말아서 입체적인 매화 2송이를 얹어 장식하였다. 자방부는 진주와 홍산호를 하나씩 놓아 표현하였다. 봉황의 입에는 매화 2송이가 달린 긴 가지를 물고 있는데 매화는 자방부에는 홍산호를 놓았고, 잎에는 비취모로 장식하였다.

봉황의 눈은 둥근 금속 알갱이를 하나씩 박아 표현하였고, 머리에는 산호를 감입한 진주 떨새 3개와 꽂이머리에는 5엽의 매화형 받침대를 놓고 봉황을 연결하였다.

〈그림 64〉 어염족두리

〈그림 65〉 족두리

〈그림 66〉 석웅황댕기

〈그림 67〉 니사 봉황 앞 꽂이

봉첩지 〈그림 68〉의 크기는 길이 121cm로 조선시대 내외명부(內外命婦) 여인들이 쪽머리 가르마에 얹어 치장하던 수식(首飾)으로 중앙에 봉(鳳)이나 개구리 비녀장식이 있다. 예복을 입을 때 머리에 쓴 족두리나 화관이 흘러내리지 않게 고정하는 역할도 한다. 신분을 나타내는 비녀가 받침대에 부착되어 있고 그 양쪽에 다리가 붙어 있다. 첩지를 가르마 위에 얹은 뒤 양쪽의 다리를 원래 머리와 함께 빗어 내려 쪽을 지어 고정한다.

황후는 도금 용첩지, 왕비는 도금 봉첩지를 착용했다. 내외명부(內外命婦)는 품계에 따라 도금이나 흑색 무소뿔로 만든 개구리 첩지를 착용했다. 궁중에서는 평상시 언제나 첩지를 사용하여 신분의 구별을 쉽게 하였다. 〈그림 69〉 다리 (月子)의 전체 크기 길이는 147cm, 모발 길이 90cm이며 여성들이 머리숱을 풍성하게 보이도록 하기 위해 사용한 가발로서 인모(人毛)로 만들었다.

쪽진 머리를 돋우는 데 필요한 조짐머리 다리, 어여머리를 만드는 데 필요한 다리, 새앙머리에 필요한 다리(가체) 등 각종 머리모양과 길이에 따라 필요로 하는 다리의 양은 다르다. 복식의 장식은 패옥이 있다. 〈그림 70〉의 재질은 유리(옥), 비단으로 되어 있으며 20세기 초기에 제작 되었다. 전체 길이 77cm, 너비 9cm이다. 패옥은 양쪽 옆구리에 드리우는 장식이다. 패옥 바탕 소수(小綬) 위에 다양한 형태의 옥이 연결되어 있고, 혁대에 걸기 위한 고리 구(鉤)가 달려 있다. 걸을 때 옥이 서로 부딪혀 나는 소리는 군자의 덕을 상징하여 신중하지 못한 태도를 경계한다는 의미를 갖는다. 패옥에 새겨진 무늬는 황제, 황후, 황태자가 운룡문(雲龍紋), 황태자비가 운봉문(雲鳳紋)이고, 왕 ·왕비, 왕세자 ·왕세자빈, 왕세손 ·왕세손빈은 무늬가 없는 민옥(珉玉)을 사용한다. 〈그림 71〉 태사혜 재질은 가죽 ·견을 사용하였으며, 전체 길이 18.3cm, 높이: 5.8cm 이다. 신울이 낮고 신코와 뒤축 부분에 태사문(太史紋) 장식이 있는 신발이다. 태사혜라는 명칭은 19세기 후기에 처음 보인다. 이 태사혜는 녹색 화문단으로 만들었는데 신코와 뒤축에 자주색 단(緞)으로 태사문(太史紋)을 장식하였다. 신발의 안은 백피이고 신바닥은 가죽, 코

르크, 가죽으로 3중 처리를 하였다. 신테 둘레에는 흰가죽을 대고 그 바로 밑에
자주색 단을 둘렀다.

〈그림 68〉 봉첩지

〈그림 69〉 다리 (月子)

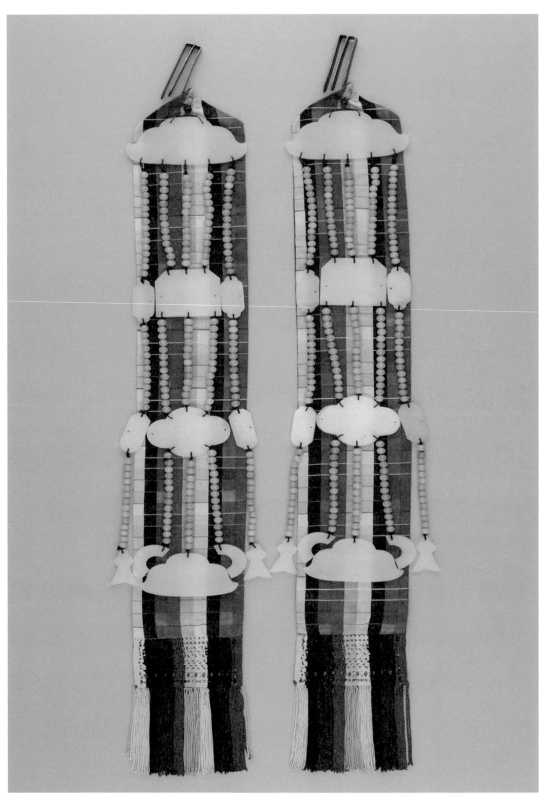

〈그림 70〉 패옥

〈그림 71〉 태사혜

(1) 귀고리

〈그림 72〉에 표현된 평북 창성지역 여인이 귀걸이를 한 부녀자들의 모습을 볼
수있다. 조선 초기까지 그대로 전해져왔다. 조선초기에는 귓볼에 하늘거리는 이환
(耳環)을 즐겨 달았지만 후기에는 여자만 아니라 남자도 사용하였다.

(2) 지환

지환은 가장 오래된 장신구로서 지금까지 널리 쓰이고 있다. 지환이 녹봉의 신표가 된다는 뜻에서 더욱 귀하게 생각 했다. 반지를 사용하는 의미에서 겨울에는 따뜻한 느낌의 금지환을 착용했고 여름에는 시원한 〈그림 73〉 옥지환은 가을에는 파란지환 등 을 끼었지만 일반서민층에서는 은이나 백동반지를 끼었다. 〈그림 74〉 은제 반지는 지름 2.1cm 이며 두 개의 반지 가운데 한 개는 진주를, 다른 한 개는 붉은색 보석을 박았다. 보석을 물고 있는 부분은 육각형 안에 여섯 개의 꽃잎이 있는 것처럼 보이는 소슬 빗살무늬로 장식했다. 고리의 가운데에는 비스듬하게 교차시킨 빗살무늬를 넣고 양 끝에는 파란색 법랑으로 입히고 도금처리를 하였다. 〈그림 74〉 은제 반지에 대한 예술성을 높이 평가하고자 한다.

〈그림 72〉 평북 창성지역 부녀자들이 귀걸이를 한 모습

〈그림 73〉 옥지환

〈그림 73-1〉 은지환

〈그림 74〉 은제 반지

05

여인의 미적 가치에
대한 자존심

궁중의 여인은 황후, 대왕대비, 왕비, 공주, 옹주 외에 비와 명부가 있다. 그중 명부는 작위를 가진 상류계급 부인을 말하는 것으로 그 구성은 거주지와 임무에 따라 등급, 명칭이 다르다. 궁 안에 살면 내명부(內命婦)라 하고 국왕에게 소속되어 있는 경우와 세자궁에 소속되어 있는 경우, 두 부류를 들 수 있다. 가장 높은 위치에 있는 내명부는 후궁들 중 가장 지위가 높은 정1품 빈(嬪)이다. 후궁은 정4품까지 있으며 업무적인 일은 하지 않는다. 임무가 주어지는 내명부는 정5품 상궁 이하 종9품까지이다. 상궁이상을 내명부로 본다. 궁 바깥에 거주지가 있는 명부는 외명부(外命婦)라 하여 국왕의 유모, 왕비의 어머니, 국왕의 딸, 세자의 딸, 종친의 아내, 문무 관리의 아내가 이에 속한다. 이러한 여인들의 미적가치에 대하여 알아보고자 한다 조선시대의 여성의 머리모양은 신분의 상징이 되었기에 신분이 높을수록 머리모양이 높아졌으며, 다양한 도구를 사용하여 치장에 시간할애를 많이 하였다.

01 비의 머리모양과 수식

비는 최고 권력자인 왕의 정실부인을 말하며 조선조에서는 개국 초부터 의례 때에는 주취칠적관(珠翠七翟冠)이하 칠적관을 사용하다가 임진왜란 이후에는 수식(首飾)이라 표현한 관을 착용했다. 수식은 두 가지로 되어 있는데 그 하나는 대수(大首)이고, 다른 하나는 거두미(擧頭美)이다. 즉 의례 때에는 대수를 착용했고, 의례가 끝났을 때에는 평상시 거두미를 착용했다. 조선왕조 전 기간을 통해서 이렇게 칠적관과 수식을 할 수 있는 여인은 오로지 비 한 사람뿐이다. 칠적관과 수식은 최고 권위와 품격을 상징한다

1 대수머리

고려말 부터 조선말기 까지 왕비의 법복으로 조회, 가례, 수책 등의 행사 때 착용하는 대례복으로 적의를 사용하면서부터 대수머리는 시작되었다. <그림 1> 황후, 비, 빈의 의례시 착용했던 관으로 적의를 사용 할 때는 머리에 각종 비녀와 금란대로 장식한 대수(大首)는 궁중에서 의식이 있을 때 왕비의 대례복 차림에 한 머리모양으로 오늘날 전체 가발 용도와 비슷하게 머리형태를 만들어 여러 개의 비녀와 떨잠 등으로 장식하여 직접 사용할 수 있도록 만든 머리 형태이다. 대수는 조선 초부터 적관이란 명칭을 사용해 오다가 조선 말기에 대수라는 명칭으로 바뀌었다. 가체에 대한 논의는 영조 3년(1727년)에서 정조20년(1796년)까지 70년간 존속되었다. 현존하는 영친왕비의 적의와 함께 사용하였던 대수의 화려한 모양을 살펴보면 명과 송나라의 칠적관과 흡사하다. 비녀 11개, 댕기 2개가 치레걸이들

<그림 1> 영친왕비 모습

이 다양하고 복잡하였음을 알 수 있다. 수식품의 종류는 옥장잠, 도금후 봉잠, 대봉잠, 떨잠, 대요반자, 선봉잠, 도금장섭 옥대요반자, 용잠, 가란잠, 도금진주계, 마리삭금단기(금직 머리띠), 대유반자 11개, 보라색 자주 댕기, 백옥선봉잠 1쌍, 비녀7개, 칠보잠 등이 사용된다. 순종의 왕비인 윤비의 생전모습을 촬영한 사진을 살펴보면 영친왕비의 대수머리는 화관과 함께 사용되었고, 윤비의 대수에는 거두미가 얹어져 있음을 알 수 있다. <그림 2> 신정왕후(고종1852~1919) 양어머니 팔순 잔치 행사 재현 작품이며, 문양은 봉황이다. 우리는 여기서 가체란 무엇인가를 알아 볼 필요가 있다. 부녀자들이 머리 손질을 할 때 머리 숱이 많아보이게 덧 드리는 다른 머리 흔히 "다래" 또는 "다레"라 하고 표준어는 다리이다. 한자어는 "체(髢)"라 하고 "월자(月子)"라고 한다. 가체(加髢)를 그대로 해석하면 "더할 가" "다리 체"라고 하였으나 우리나라에서는 가발을 다리라고 불렀다. 즉 머리숱을 많아보이게 하고 머리 모양을 아름답게 꾸미기 위해 덧 대는 머리가 가체이므로 가발의 용도와는 거리가 멀다.

<그림 2> 대수머리와 대례복 일습

거두미(巨頭味)머리

거두미는 내명부중에서도 특히 궁중에서 품계를 가진 빈이나 귀인, 후궁 등의 국혼이나 큰잔치에는 왕비를 비롯하여 내인들까지 대례복(大禮服)과 함께 거두미를 사용 하였다. 거두미는 <그림 3> 민비(추정) 모습을 한 거두미는 가체위에 목제로 만들어 떠구지 두 개로 고정시킨 후 사용하였다. 고종대 까지만 해도 어마어마한 크기로 국혼(國婚)때는 물론이고 대궐 법도가 엄격하던 헌종 대(代)까지만 해도 탄일(誕日), 정조(正朝), 동지(冬至)등 명절과 문안 복색에도 이것을 썼지만 그 이후는 선원전(璿源殿), 다례(茶禮)및 진연(進宴), 진찬(進饌)같은 큰 잔치 때에나 왕비 이하 빈궁 및 상궁나인들은 큰 머리를 썼다 거두미는 조선말까지 계속 이어져 왔으며 처음에는 크기가 대단한 목제 가발이었으나 차츰 격이 낮아져 왕실 제사 때나 궁중 잔치 때 왕족녀 이외에도 시중드는 상궁 나인들도 거두미를 착용 했다. <그림 4> 1870년대 이상의 당상관 회갑날 사진에서도 증명 할 수 있다. <그림 5> 거두미 머리모양과 대례복 일습을 보여주고 있다. <그림 6>의 교육용 작품으로 제작된 거두미 머리모양은 첫째, 장신구 및 가체를 준비하여 세가닥 땋기를 해 놓는 다음 라운드형태로 빗질을 하여 네이프에 쪽을 짓는다. 둘째, 솜 족두리를 이마 중앙부분에 얹고 가체를 묶은 다음 두 바퀴를 두른 후 고정시킨다. 셋째, 만들어진 가체위에 오동나무 떠구지를 올리고 떨잠 장신구로 장식한다.

<그림 3> 민비(추정) 모습

<그림 4> 1870년대 이상의 당상관 회갑 날

<그림 5> 궁중혼례에 착용된 거두미

〈그림 6〉 교육용작품 재현된 거두미

3. 어유미(어여머리)

어유미는 당대외명부가 주로 하던 머리모양으로 왕족 중에는 왕비를 비롯하여 출가한 공주와 옹주, 양반가에서는 당산관 부인이 이용하였으며, 상궁 중에서는 지체높은 지밀상궁만이 할 수 있었다. 영조때 이상형 "병자집"에는 복식과 머리모양에 따른 장황할 정도로 다양하게 수록되어 있다. 조선중기까지 외명부여인이 입궐할 때나 의식에 참여할 때 하던 머리모양 이였다. 후기에 이르러 비빈을 위시한 내명부도 사용하였으며, 입궐할 때 거두미를 사용 하였다. 머리형태는 가르마위에 어염 족두리를 얹고 비녀와 댕기로 고정시킨 다음 봉잠을 중앙에 꽂고 좌우로 떨잠을 꽂아 화사하게 장식을 했다. 어유미 제작 과정은 첫째, 다리를 정리하여 길이 약 93㎝, 두께 7㎝를 정한다. 둘째, 세 가닥 땋기를 한 다음 네이프 부분에 포니테일을 한다. 셋째, 정수리부분에 어 염 족두리를 얹은 후 고정 끈으로 묶는다. 넷째, 두 바퀴를 두 바퀴를 두른 다음 사이사이에 대 핀으로 고정 시킨다. 안정되게 안착을 시킨 다음 떨잠과 장신구로 마무리 한다. <그림 8>은 어유미를 하고 녹원삼을 입은 상궁의 모습이다. <그림 9> 교육 작품의 완성미이다.

<그림 7> 윤비(17세) 모습

〈그림 8〉 상궁 원삼을 착용하고 어여머리 재현

〈그림 9〉 교육용 작품의 완성미

■ 거두미, 어유미 기본제작 구성 수식재료

다리, 솜 족두리, 나비형 오동나무댕기, 떨잠, 비녀, 대 중 소, 가위, 대핀, 고정
핀, 꼬리 빗, 왁스, 검정고무줄, 마네킹 등이다.

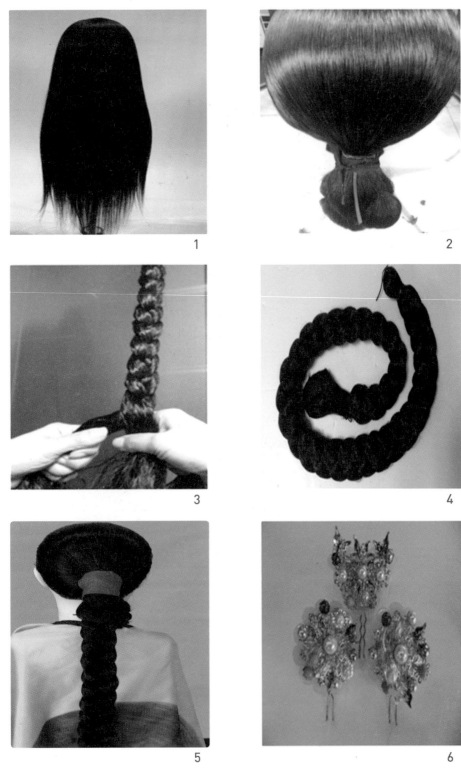

　　조선현종대의 기록인 동경잡기에서는 쪽 머리는 일명 북계(北髻), 후계(後髻), 쪽 낭자 머리 등으로 불리어 왔으며, 쪽머리가 나타나기 시작한 18세기 말의 기록인 추관지에서 사치풍조는 극에 달하면 그 반대가 되는 것이니 체계(髢髻 덧대는 가발 상투)가 후계(後髻)가 된 것이 그렇다 하여 영조실록에서는 지금부터 체계를 고쳐 후계로 하되 궁중양식대로 부착하라고 하여 쪽진 머리를 곧 후계로 지칭하였다. 고구려시대 쪽 머리는 일반적인 머리 형태로 두발을 뒤통수에 낮게 묶어 하나로 모아 머리 뒤에 쪽을 지어 댕기를 감는 것이 특징이다. 백제시대 쪽머리의 특징은 초기에는 쪽이 뒤통수에 달려 있던 것이 점차 내려와 말기에는 저고리위에 있게 되었으며, 그 후 계화기에는 다시 네이프 쪽으로 올라갔다. 신라시대 여인의 쪽머리는 일반 서민에서 상류계층에 이르기까지 보편화 되면서 신라시대 궁중 여인들의 일상 생활속에서도 기본적인 머리양식으로 자리 잡기 시작했다. 조선사회에서는 부모에게서 물려받은 몸을 소중히 여기는 것을 효도의 시작으로 당대를 살아가는 사람들에게 있어 머리카락을 자르는 것은 치욕으로 여겨졌다. 쪽머리의 유래와 역사적 변천과정은 고조선에서부터 조선시대까지 여성들은 쪽을 기본으로 삼은 머리모양의 형태는 시대에 따라 쪽의 위치와 모양이 변화하는 양상을 보인다. 고구려 고분벽화속 여인의 쪽은 뒤통수에 낮게 트는 쪽의 형태로서 이를 볼 때 삼국시대 쪽의 형태는 대체로 낮고 작았음을 알 수 있다. 고려시대에는 여성들이 머리를 아래로 내려뜨리되 붉은 비단 천으로 묶고 작은 비녀를 꽂았다는 기록으로 보아 쪽을 뒤통수 보다 더 아래로 늘어 뜨렸음을 알 수 있었다. 그러나 조선시대에 이르러서는 〈그림 10〉 김홍도의 그림 18세기 말 혼례식 장면에서 양반여자의 앞 두정부에는 족두리를 얹은 모습과 축하객 여인들의 모습에서 두정부에 쌍계형태의 모양과 네이프는 낭자쌍계 쪽 모습을 보여주고 있다. 〈그림 11〉 18세기말 담와 홍계희 평생도 중 회혼례에서 양반여자의 머리위에도 족두리를 얹은 모습과 아래에는 쪽머리를 한 여인의 모습과 둘레머리, 트레머리 등 다양한 형태를 변주했다는 것을 알 수 있다 한국의 여성들은 쪽머리를 다양하게 활용함으로 자신들의 머리모양을 다변화해 온 것이다. 〈그림 12〉 작가미상의 미인도에서는 풀머리의 쪽이 보이기도 한다. 〈그림 13〉 혼례도의 쪽머리와 〈그림 14〉 전족의 화폐 저장그릇, 저폐기의 쪽은 어깨까지 내려와 있다. 이후 〈그림 15〉 여인의 자태미는 1910년대에서부터 후두부에 올라붙기 시작 했다. 〈그림 16〉은 교육과정을 통해 재현되었고, 〈그림 17〉은 쪽머리와 장옷쓰개 일습을 보여주고 있다.

〈그림 10〉 18세기 말 김홍도의 모당 홍이상 평생도 중 〈회혼례〉

〈그림 11〉 18세기 말필자미상, 담와 홍계희 평생도 중 〈회혼례〉

〈그림 12〉 미인도

〈그림 13〉 혼례도의 쪽머리(18세기)

〈그림 14〉 전족의 화폐 저장그릇, 저패기

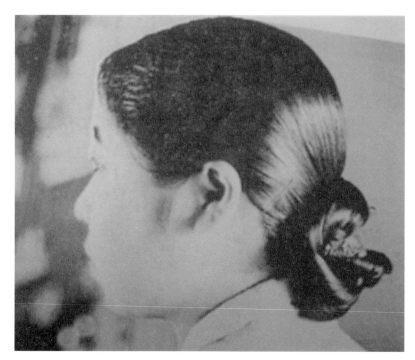

〈그림 15〉 여인의 자태미 1910년대

〈그림 16〉 쪽머리

〈그림 17〉 쪽머리와 장옷 일습

02 족두리(簇頭里)의 역사적 배경

　　고려시대부터 부녀자들의 의식 때 예복을 갖추어 입고 쓰던 머리 장식품이다.

　　고려사를 살펴보면 원나라에서 왕비에게 고고리(古古里, 몽고족의 귀부인이 쓰던 관모)라는 것을 보냈다고 하여 관의 이름으로 전해진 것이다. 고려에서는 주로 예복을 입고 관모를 쓰였고 외출 할 때는 몽수(夢首)를 쓰고 다녔다. 조선시대부터 부녀자들의 가체로 인한 사치가 극심하여 이 폐단을 시정하기 위해 영조32년(1756년)에 가체 금지령이 내려지고 가체를 족두리로 대처하게 되었다. 그러나 족두리에도 여러가지 보석으로 장식을 하여 사치심은 제거 되지 않았다. 그리하여 『추관지(秋官志)』에서 족두리의 꾸밈은 금지조목에 해당하니 혼가(婚家)때 쓰기위하여 칠보족두리를 세 주고 세내는 것을 먼저 금하였다. 조선시대 들어와서는 궁중 양식으로 남게 되어 관모라기보다 미적 장식품으로 활용되어졌다. 광해군 때부터 형겁으로 겉을 싸고 자주로 안을 하였으며, 속은 비어 있다고 기록되어 있다. 가체 금지령 이전에도 사용되었으며, 이후에도 적극 권장 됨에따라 족두리는 광해군 때부터 일반화되었음을 알 수 있다.

〈그림 18〉 족두리를 착용한 신부일 일습

▌족두리의 다양한 모양

칠보족두리

흩 족두리

흩 족두리(소론 족두리)

꾸민 족두리

솜 족두리

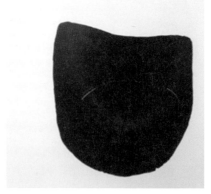

민족두리

〈그림 19〉 족두리 유형

〈그림 20〉 민족두리의 일습

조선시대에는 부녀자들의 가체로 인한 사치가 극심하여 이 폐단을 시정하기 위해 영조32년(1756년)에 가체 금지령이 내려지고 가체를 족두리로 대처하게 되었다. 화관은 여성용 관모로 영, 정조 때에 의식용 머리모양으로 일생에 한번 써보는 찬란한 예관으로서 화려함은 지금도 변함이 없다. 내·외명부가 활옷이나 당위를 입을 때 사용 한다. 한국여성들의 대표적인 전통 머리모양. 정조 때 법령으로 양반가의 부녀자들이 모범으로 시작하여 가체 금지령과 관계없이 서민 부녀자들은 쪽 머리를 하였다.

▍쪽머리 재현과정

〈그림 52〉 달비 만들기

〈그림 53〉 달비달기 재현

〈그림 54〉 교육용 쪽머리 재현작품

❶ 준비된 마네킹에 센타파트 가르마를 나누어 라운드로 곱게 빗질한 다음 네이프에 포니테일을 한 후 달비를 달고 붉은 댕기로 감싼다.
❷ 달비를 이용하여 두상에 알맞게 쪽을 만든다.
❸ 비녀와 뒤 꽂이를 이용하여 장식을 한다.

대궐에서 의식이나 경사가 있을 때, 반가(班家)에서는 혼례시나 경사시에 대례복 또는 소례복을 입을 때 착용하는 수식물(首飾物)이다. 화관을 처음 사용하기 시작한 것은 신라 문무왕 때 부터였으며, 족두리와 마찬가지로 영조때 〈가체금지령〉에서 가체를 대신하여 일반화 되었다. 화관은 관모라기보다는 미적 장식품으로서의 가치를 지니고 있으며 활옷이나 당의(唐衣)를 입을 때 썼다. 족두리보다 더 화려한 형태로 오색구슬로 화려하게 꽃모양을 꾸미거나, 칠보로 장식하였다. '한국복식문화사전, 김영숙, 미술문화, 1998년에는 화관(花冠)을 처음 사용하기 시작한 것은 신라 문무왕 때부터였으나, 족두리와 마찬가지로 영조 때 가체 금지령에서 가체를 대신하게 함으로써 일반화되었다. 정조 12년(1788) 10월 가체의 사치로 말미암아 족두리에 칠보장식이 금지되고 발제개혁과 더불어 족두리와 화관의 착용을 권장하게 되자 서민들도 혼례 때에는 사용할 수 있도록 허용하였다 한다. 일반적인 형태는 천을 여러 번 배접하여 관(冠)의 형태를 만들고 금관, 비취, 진주, 산호, 석웅황(石雄黃)등으로 화려하게 장식 하였으며, 활옷, 원삼, 활옷 등을 입고 착용하였다. 관례(冠禮)는 어른이 되는 의식으로서 남자는 관(冠) 또는 갓을 쓰고 여자는 쪽을 지고 비녀 꽂음을 말한다. 여자의 경우는 이를 계(筓)라고도 하여 결혼하거나 결혼하지 않더라도 15세가 되면 올리는데, 바로 혼례를 치르지 않을 때는 계(筓)의식(비녀사용)이 끝난 다음, 쌍계(雙紒)를 하는 것이 원칙이었다. 신부(新婦)의 경우는 머리에는 화관(花冠)을 쓰고, 저고리에 치마를 받쳐 입는데, 그 치마는 스란치마 아니면 대란(大襴)치마를 입었다. 그 위에 당의(唐衣)를 입고, 포속(袍屬)인 염의를 입고 홍장삼(紅長衫)으로 붉은 바탕의 활옷을 입었다.

〈그림 21〉 궁중혼례때 사용했던 화관

〈그림 22〉 작품재현 2

〈그림 23〉 화관을 쓴 혼례복 일습

첩지라함은 신분에 따라 첩지의 재료와 장식이 확연하게 달라졌다. 〈그림 24〉 첩지머리 장식에 따라 황후(皇后)는 도금한 용(龍)의 첩지를 사용하고 비(妃)·빈 嬪)은 도금한 봉(鳳)첩지를 사용하는 내외명부의 신분에 따라 도금·은·놋쇠로 만든 개구리첩지를 사용하였고 부모상이나 남편 상을 입었을 때에는 흑색 개구 리 첩지를 매었다. 첩지머리는 이렇게 신분사회를 살아온 조선시대 여인들의 머리 모양 변천을 보여주는 것이었다. 가체금지령이 내려지면서 새롭게 등장한 쪽머리는 첩지를 매달아 신분표시를 하였다.

〈그림 24〉 은으로 만든 봉황첩지

〈그림 25〉 교육 재현한 첩지머리

〈그림 26〉 1880년경 조선시대 아낙네들 유형 1, 2

〈그림 26-1〉 둘레머리 교육용작품 재현

〈그림 27〉 1900년대 빨래터 여인들

(1) 둘레머리

조선후기에 활발하게 나타나기 시작한 풍속화와 민화에 빈번히 등장하는 머리는 〈그림 26〉 1880년경 조선시대 아낙네들의 모습과 〈그림 27〉 1900년대 빨래터 여인들서민들 생활을 소박하게 잘 표현해 준다. 김홍도와 김준근의 풍속화에서 찾아 볼 수 있는 빨래터 같은 곳에서 가장 흔하게 볼 수 있는 머리모양이지만 개화기를 거치면서 얹은머리와 둘레머리가 같이 등장해서 같이 사라진 머리형태로서 서민층 여성들의 대표적인 기본 머리 형태이다. 신분의 지위와 관계없이 시집을 간 부녀자들에게 일반적으로 볼 수 있는 머리 모양 형태는 삼실총 고분벽화에서는 가장 맵시 있게 처리된 얹은머리 형태로 전체적으로 위로 올렸는데 차례로 쌓은 듯이 해서 약간 뒤로 젖어지도록 한 것도 있고, 위로 올린머리를 한 가닥으로 짧고 굵게 해서 절반쯤만 뒤로 구부러지게 한 것도 있다. 둘레머리 기본형으로서의 쪽이 활용되어진 머리모양으로 쪽의 머리형태는 앞머리 중간에 가르마를 타고 흐트러짐 없이 좌우로 곱게 빗어 목덜미에서 5~10㎝ 위로 묶은 다음 중심부분을 세 가닥으로 땋아서 쪽을 만들어 준 후 다리를 이용하여 두상에 두르는 방법과 머리 다발을 딴 머리를 앞 정수리 가르마 중심부위에 교차 시켜준 후 귀 밑으로 내려서 머리끝을 쪽머리 밑으로 매듭을 짓거나 귀 뒤로 매듭을 짓는데 댕기나 헝겊으로 묶어주고 나서 비녀로 쪽을 지어 고정시켜 주면 〈그림 28〉와 같이 빨래터의 사실적 둘레머리를 〈그림 29〉의 교육과정의 재현 작품으로 완성하였다.

〈그림 28〉 빨래터 여인의 둘레머리

〈그림 29〉 둘레머리 교육용 작품재현

재현과정 1

재현과정 2

재현과정 3

03 풍속화에 나타난 트레머리의 특징

　전기 풍속화는 삼강행실도류 판화, 계회도, 사회도와 같은 사인 풍속화, 불화 속의 풍속 표현 등 다양한 면모를 보였으나 크게 발달하지 못 하였으나, 조선후기에는 풍속화의 중요한 흐름 가운데 새로운 도상과 표현방식을 제공해 주었으며. 궁중 수요의 풍속화와 더불어 서민 풍속화의 특징적인 하층민 생활의 상징이라 할 수 있었다. 윤두서는 채초 세수, 무송관수도, 짚신삼기, 채애, 낙려 등으로 17세기 산수 인물화에서 풍속화로, 김홍도는 타작에서 씨름, 무동, 서당, 새참 등 서민의 희로애락을 은유와 풍자로, 김득신은 파적도(破寂圖), 야묘도추, 밀회투전, 성하직구 등에서는 돌발적인 상황묘사나 인물의 성격 묘사에서 뛰어난 역량을 발휘하였다. 혜원 신윤복(惠圓申潤福,1758~?)은 조선후기의 대표적인 화가로서 18세기말에서 19세기 초까지를 배경으로 유흥과 환락적인 당시의 사회문화 분위기를 반영하여 한량과 기녀를 중심으로 한 남녀 간의 사랑이나 여성의 아름다움을 주로 다루었다.

　신윤복의 그림은 아름답고 화려한 색조와 가는 붓을 사용한 섬세하고 세련된 붓질을 특징으로 한다. 때문에 작품의 분위기가 부드럽고 간결하며 낭만적인 정취를 띄고 있다. 주로 한량과 기녀 무녀에서부터 시골주막의 서민적인 풍속까지 다양하게 표현 하였는데 그림의 주제가 선명하여 내용이 쉽게 전달된다는 특징이 있다. 이 시대에 미인도를 잘 그린 화가로는 윤두서(尹斗緖), 정선(旌善), 김홍도(金弘道), 신윤복(申潤福), 채용신(蔡龍臣), 김은호(金殷鎬)등이 있다. 특히 혜원(蕙園) 신윤복은 해학적이고 춘의적(春意的)인 미인도를, 채용신은 후덕한 미인도를 김은호는 기품 있고 정갈한 미인도를 많이 나타내고 있다. 트레머리는 얹은머리의 종류에 포함되기도 하지만 사대부가의 여인들이 주로 가체를 얹어 하였다고 해서 가체머리라고 칭하기도 하였다. 가체머리와 트레머리는 담장안에서만 지낼수 없는 조선후기 풍속화에 나타난 〈김홍도〉의 큰머리여인과 〈신윤복〉의 미인도에 등장 하는 여인의 모습을 통하여 보면 가체머리와 트레머리는 얹은머리라고 하는 기본 머리형을 바탕으로 하고 있음을 알 수 있다.

1

트레머리모양

트레머리의 기원에 대한 문헌상의 기록을 찾아보면 삼국시대로 거슬러 올라간다. 중국의 역사와 고분 벽화에 묻혀 있는 토용과 고구려 고분벽화의 천장이나 벽에서 발견된 채색화 속의 여인들의 머리 형태가 기존의 피발(彼髮)이 가장 오래된 머리모양의 형태는 한번도 자르지 않는 머리모양으로 삼국사기(三國史記)의 기록에 의하면 신라48대 경문왕 때 수출 품목록에 가체가 등장한 것으로 보아 이시기에도 가체가 사용되었던 것으로 추정된다. 여기서 사척 오촌 두발 백오십 냥 삼척오촌두발 삼백냥이라는 구절이 나오는데 여기서의 냥은 값이 아닌 분량 단위를 말하고 있다.

일척이 30.3cm, 일촌이 3.03cm, 한냥이 37.5g 임을 감안 한다면 사척오촌 두발 백오십냥은 약136.5cm 길이의 두발이 약5,625g이라는 것이므로 그 단위로 보아 가체의 양이 매우 많았을 것으로 추정된다. 고려말을 지나 조선에 이르러서 조선 초기에 궁중에서 의료관계를 도와주는 약방기생(藥房妓生)과 궁에서 바느질 관련 일을 도와주는 상방기생(尙房妓生)으로 나뉜다. 1907년 기생제도가 폐지된 후 갈 곳 없는 기생들이 궁 밖의 요리점으로 나오면서 기생이란 명칭이 생겨난 것이다. 기녀머리는 크게 관기(官妓)머리와 일반기녀(妓女)의 트레머리 둘로 나뉘어 철저한 신분사회에서 머리형태와 옷차림에도 모양이 모두 달랐다. 조선 후기 풍속화에 나타난 김홍도의 큰머리여인과 신윤복의 미인도에 등장하는 여인의 모습을 통하여 보면 가체머리와 트레머리는 얹은머리라고도 표현하며, 기본머리형을 바탕으로 다양한 머리 모양을 하고 있음을 알 수 있다.

가체는 기녀 사회에서 유행했던 것으로 신윤복과 김홍도의 풍속도에서 말해준다. 나름 그들의 머리모양인 트레머리로 전환하게 되는 것은 기녀들은 여염의 여인과는 달리 담장 안에서만 지낼 수 없는 계층 이였기에 몸치장과 머리치장에 시선을 끌 수밖에 없었던 것은 이때 보석으로 장식을 하여 아름답게 할수록 계급신분의 차이가 있었다. 〈그림 30〉 조선후기 신윤복의 미인도 트레머리 머리모양에서 보이듯이 긴머리를 땋아 머리 둘레에 올리고 가체를 한 후 미적 모양을 하였다. 〈그림 31〉 18세기말 양반여자의 얹은머리라고도 하며 트레머리라고도 한다. 〈그림 32〉 쌍검대무는 두 명의 기생이 양손에 칼을 들고 검무를 추고 있는 모습은 관객들을 시각적으로 압도하기 위하여 강한 색상의 의상과 날렵한 칼 솜씨로 부드럽고 생동감 있는 율동으로 재주를 부린다. 〈그림 33〉 쌍검 무대의 현란한 춤을 구경하고 있는 여인의 트레머리를 교육용으로 재현 하였으며 〈그림 34〉 연소담청은 젊은 기녀들의 봄나들이 가는 장면을 〈그림 36〉 주유청강은 맑은 강 위에서 뱃놀이를 하는데 피리소리 늦바람에 들리지 아니 하는데 꽃을 찾는 흰 갈매기만 물결 위로 낮게 날아드는 장면을 그렸는데 〈그림 37〉 주유청강을 교육용으로 재현하였으며 〈그림 38〉 야금모행은 그믐달이 떠 있는 밤에 갓쓴 양반과 기생이 담배 대를 물고 어디론가 떠나고 있다. 〈그림 39〉 야금모행 재현으로 여인의 존재감을 한껏 표현하였다. 〈그림 41〉 연소담청을 재현하여 전시행사 도록 표지로 활용한 작품이며, 〈그림 42〉 품계있는 기녀머리 형태의 트레머리를 실제적인 교육용 작품재현을 하였다.

〈그림 30〉 신윤복 미인도, 세부

〈그림 31〉 18세기말 양반여자의 얹은머리, 필자미상, 평생도 중 〈초도호연〉

〈그림 32〉 쌍검대무〈雙劍對舞〉

〈그림 33〉 국말무복 교육용 재현

〈그림 34〉 연소답청(年少踏靑)

〈그림 35〉 연소답청(年少踏靑) 교육용 재현

〈그림 36〉 주유청강〈舟遊淸江〉

〈그림 37〉 주유청강, 교육용 작품 재현

150

〈그림 38〉 야금모행〈夜禁冒行〉−신윤복

〈그림 39〉 야금모행의 교육용 작품재현

〈그림 40〉 연소답청

〈그림 41〉 도도한 이미지 표현, 교육용 작품재현 (연소답청 재현)

〈그림 42〉 품계가 높을수록 높아지는 기녀의 트레머리, 교육용 작품 재현

　본 트레머리 작품과정에서 헤어스타일의 디자인 요소에서 분석 해 본 결과 형태적인 면에서는 크기와 입체적인 모양이 작품마다 다양하게 나타나고 있다. 따라서 화려한 장신구에 의한 미적요소를 갖추고 있음을 알 수 있었다.　하나의 직선 꼬기를 하여 다리를 만든 후 크고 작은 선들을 반복적으로 엮어 트레머리 모양을 대각선 또는 좌 .우 비대칭을 이루는 다양한 형태적 특성을 지니고 있는 트레머리는 인물 강조를 통한 디자인 연출에 따른 변화의 흐름에 따라 생동감 있는 특징이 강하게 드러나는 경향이 있다.

가체준비 1   재현과정 2

재현과정 3   재현과정 4

재현과정 5   완성모습

〈그림 43〉 트레머리 교육용 작품재현

06

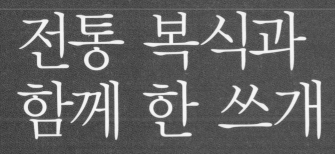

전통 복식과
함께 한 쓰개

한국 전통복식은 북방 호계 계통에 속하며 기본형은 대체로 유와 고, 상, 포 이며, 머리에는 관모 등의 쓰개를 하고 허리에는 대를 두르고 발에는 화를 신는다. 이와 같이 머리에 쓰는 모든 것을 한글로는 쓰개라 한다.

조선시대는 의관을 중요시 여겼듯이 쓰개 갖추기를 좋아하고 중요시 했으며 왕이나 관리들은 물론 유림이나 촌로들도 집에서 쓰개를 착용하는 것을 좋아 했다. 고구려시대는 왕과 관리들뿐만 아니라 지배계급, 노예계급, 인질노예로 구분되었으며 이들 중 지배계급은 관모를 썼다,

백제시대는 선덕여왕 때부터 친당정책으로 당의 문화를 흡수하여 독창적인 문화를 완성하면서 계급적 사회적 사회질서를 세우고 관모에도 차이를 두었다. 이러한 시대 변천은 삼국시대를 거쳐 조선시대까지 내려오면서 현대인들에게 인기를 더하고 있다. 조선시대는 유교적 질서가 중요한 시대였고, 내외법의 강화로 여인들의 바깥출입 시 얼굴과 머리를 가릴 수 있는 장옷의 쓰개가 발달되었다.

〈그림 43〉 신윤복의 이승영기

1 책(幘머리띠)

책(幘)은 절풍과 더불어 최초의 쓰개이며 머리에 수건을 둘러매는 형태에서
생겨난 듯하며 우리 고유의 쓰개로 중국의 책과 달리 처음부터 독립적인 관모이
다.

〈그림 44〉 책(幘)수산리 고분벽화

2 절풍(折風\나무로 바람막이)

　고구려에서 일반적으로 남자들이 절풍을 사용했으며, 바람을 가린다는 뜻으로 활동하는데 간편한 쓰개이다.

〈그림 45〉 절풍(折風)무용총 접견도

　　　　　　　　조우관(鳥羽冠관위에 봉황이나 새의 깃털 장식)

　조우관은 새 깃털로 장식하는 것이며 절풍, 아관 등의 관모 좌우에 새 깃털을
꽂아 귀천 표시와 수렵지대의 유습으로서 고구려, 백제, 신라에서 볼수 있다. 그
당시 북방 민족간에 공통된 풍습이기도 하다.

〈그림 46〉 조우관(鳥羽冠)쌍영총 기마도

4

건곡(巾幗), 건(巾)

상투머리가 흘러내려 오는 것을 간편하게 감싸고 활동하기에 편리한 머리쓰개
로 남자뿐만 아니라 부녀자들에게 쓰이는 것으로 관모라기보다 일종의 머리 수건
으로 볼 수 있다.

〈그림 47〉 건(巾)수산리고분벽화의 건을 쓴 두 남자

5   입(笠)과 너울

　　조선시대 패랭이와 같은 모자로서 위는 둥글고 챙이 넓으며, 끈으로 턱에 걸어
매는 형태이다. 차양이 있어 눈, 비를 가릴 수 있게 된 것으로 고구려에서는 수렵
용으로 사용했다. 너울은 조선 상류층 여인의 대표적인 폐면용(蔽面用얼굴을 가
리는 용도) 쓰개로 입 위에 얹어 길이가 어깨까지 내려와 착용 시 얼굴을 보이지
않도록 하는 것으로 국초에는 "입모" 또는 "면사"라고 하였다.

〈그림 48〉 입(笠), 감신총에 입을 쓴 남자

6   나관(羅冠) 및 금관(金冠)

    나관은 책처럼 생긴 내관과 얇은 비단인 나(羅)로 만든 외관으로 이루어 졌으며, 고구려에서는 왕을 비롯한 높은 신분을 가진 귀인들만이 사용하였으며, 색으로 왕과 대신을 구분하기 위해 왕은 백색, 대신은 청색 또는 붉은색으로 만들었다.

〈그림 49〉 금동관

휘항은 남성용으로 머리위에는 뚫려 있고, 어깨까지 내려와 머리 둘레와 양 볼은 물론 어깨까지 따뜻하게 만들어 졌다. 또한 방한의 목적 이외에 장식목적을 위해 휘항의 앞뒤에 진주, 비취, 산호 등으로 장식하고 앞이마와 뒷머리 쪽에 수복(壽福장수와 복), 나비, 박쥐 등을 도안하여 새긴 금, 은 등을 장식하여 부귀를 과시하려는 듯 사치를 강조한 것과 소박하고 밋밋한 형태의 휘항과는 구별되었다.

〈그림 50〉 휘항

조선시대 여성 두식에 활용된 쓰개

조선시대 효를 중시했던 유교 사회로 사례(四禮 관혼상제) 중에서도 쓰개는 상례(喪禮상중에 지키는 예절)를 가장 으뜸으로 하였다. 사회적 신분에 따라 형태와 종류가 다양했으나 병자수호조약 이후 근대화로 인해 그 성격이 약화되었다. 한국의 방한모는 상고시대부터 겨울의 추위와 강한 계절풍으로 방한복식은 발달하였고, 실용적인 목적으로 방한모는 대부분 머리 위쪽이 트여있는 형태적 특징을 가지고 있다. 방한모에 쓰이는 모피에 계급별로 정하기도하여 재료에 따라 귀천의 구별이 있었음을 알 수 있다. 이러한 방한모는 외래문물과 함께 서양식 모자가 들어오면서 점차 쇠퇴하였다.

1 　　　　　　　　　　　　　　　　　　　　　아얌

아얌은 여성용 방한모로서 액엄(額掩)이라고 하며 형태는 이마를 덮고 귀를 내어 놓으며 위는 터져있어 이마만 두르게 되어있고 뒤에 늘어뜨려지는 댕기모양의 아얌드림이 있다.

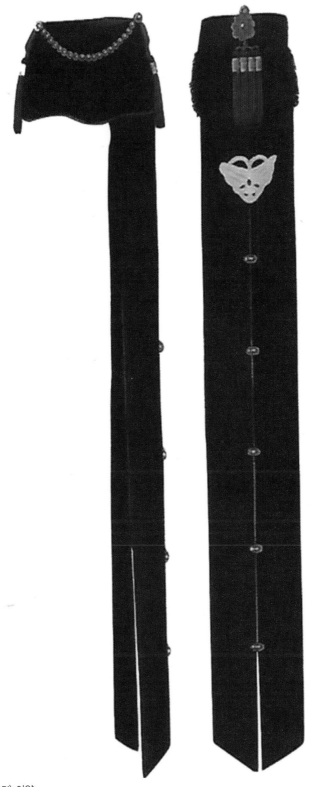

〈그림 51〉 아얌

〈그림 52〉 조바위

조바위

　조선말기에 생겨난 여성용이다. 양반에서 서민에 이르기까지 널리 사용되었으며 개화기 때는 반가의 기혼녀가 예장을 갖추지 못하였을 때 대신하여 의례적인 용도로 사용하였다.

〈그림 53〉 남바위

3

남바위

　남바위는 풍차와 함께 남녀노소가 모두 사용하였으며 일명 풍뎅이라고 하였다. 조선초기에는 양반가문의 품위있는 상류층 부녀들에 한하여 사용 되었으나 조선 말기에는 착용범위가 넓어져 서민층은 물론 남녀오소 공용으로 예복에도 사용하였다.

〈그림 54〉 풍차

조선시대 때 남녀 모두가 착용했던 방한모는 남바위 형태와 비슷하나 뺨을 가리는 볼까지 연결되어진 것이 다르다. 조선말기에는 양반들이 살았던 삼청동, 안국동 일대에서 서로 경쟁하면서 썼다고 한다. 서북지방에서는 기생들이 많이 사용하였으며 사가에서 신분과 연령을 막론하고 사용하였다.

▌쓰개의 종류 및 일습

〈그림 55〉 쓰개의 다양한 종류

〈그림 56〉 쓰개의 일습

전모는 전립이라고도 하며 기녀나 부녀자들이 외출할 때나 말을 탈 때 사용했
던 것으로 형태는 원형 혹은 대각형(大角形)으로 되어 있어 필요이상의 크기로 어
깨를 넘을 정도였다. 대의 테두리는 14~16개의 살을 대고 한지를 두겹으로 겹쳐
풀을 바르고 말린 다음 한가운데는 태극문양을 그린다음 톱니 테두리를 둘렀고
표면 가장자리는 나비와 꽃무늬 수, 복, 부, 귀 등의 글자무늬를 장식한 후 들기름
을 절여 만들었다.

〈그림 57〉 김홍도, 설중행사

〈그림 58〉 신윤복, 전모 쓴 여인

〈그림 59〉 입과 너울을 쓴 쓰개

〈그림 60〉 너울을 쓴 일습

〈그림 61〉 전모를 쓴 일습

〈그림 62〉 전모 쓴 머리모양 교육으로 재현

07

궁중무용
화관무 속에
피어난 영생

정재(呈才) 또는 정재무(呈才舞)라고도 한다. 민간에서 연희되던 민속무용과 대응하는 춤이다. 궁중의 화관무는 왕권정치의 체제가 성립한 삼국시대 이후 나라의 각종 행사나 의식, 궁중의 연례 등에 춤이 쓰이면서부터 틀이 잡혀가기 시작하였다. 화관무(황해도 무형문화재 제4호)는 꽃으로 장식된 화려한 관을 머리에 쓰고 오색 한삼을 공중에 뿌리며 추는 춤을 말한다. 황해도 화관무 춤의 기원은 무리의 무희들이 둥그런 형태로 진을 치며 춤을 이어가는 원진무이며, 원진무는 삼한시대 수많은 여인들이 강강술래와 같이 원의 형태를 그리면서 집단으로 춤을 추는 형식과 가무를 즐기며 축제의 형식 또는 제 의식을 지냈고, 선조들의 풍습과 어우러져 나라의 태평성대와 고을의 안녕, 삶의 영생을 염원하는 마음을 담아 제례의식 속에서 추었던 원진무가 시대를 지나며 공동체로서의 애국의식을 극대화시키고자 하는 목적으로 오랜 세월 민중 속에서 전승되어 왔다. 궁중무용은 유형적 형태에 따라 당악무용(唐樂舞踊)과 향악무용(鄕樂舞踊)으로 나눌 수 있다. 당악무용은 고려 문종 때 송(宋)나라로부터 도입된 춤으로 춤의 시작과 끝을 죽간자(竹竿子:舞具의 하나, 또는 그것을 든 사람)가 인도하고, 한문으로 된 창사(唱詞)를 부른다. 향악무용은 한국 고유의 춤으로 조선 세종 이후 체계화 되었다. 오늘날 궁중무용으로 통칭되는 이들 양 정재의 특징은 다음과 같다.

① 춤의 주제가 개인의 감정이나 정서의 표현에 있지 않고, 조종(祖宗)의 공덕을 칭송하거나 군왕(君王)의 장수(長壽) 등을 기원하는 데 있다. ② 담담하고 유유한 장단과 우아한 춤가락을 가졌으며, 사고력과 유현미(幽玄美)를 감지시킨다. ③ 춤을 추는 도중 춤의 내용을 담은 창사(唱詞)를 부른다. 초연 당시는 독무로 공연하였고 그 이후 군무로 재구성되었으며 1988년 서울올림픽에서 대형 군무로 재구성하여 2천명의 무용수가 군무에 참여하기도 하였다. 여성이출연하는 화관무는 수연(晬宴), 남성이출연하는 화관무는 기상(氣像)이라 부르기도 한다 내용과 의상은 같지만 족두리는 칠보족두리와 유사하게 장식한 것으로 검정공단으로만 만든 각종 족두리에 스탱글과 온갖 보석으로 장식한 것인데 한시적으로 화관을 사용하기도 하였다.

　노리개는 궁중에서는 물론 상류사회에서 평민에 이르기까지 애용해 온 것으로 국가의 궁중의식이나 집안 경사 때 패용하였다. 계급사회에서 전하는 노리개를 자손대대로 물려주어 가풍을 전하고자 하며 애정을 나타내는 소중한 것으로 여겼다. 또한 재료와 크기에 따라서 신앙생활과 사랑이 담겨져 있는 장식물이기도 하지만 계절이나 위치, 사용법이 달랐는데 금, 은 노리개는 가을과 겨울용으로 사용하였고, 옥이나 비취노리개는 오월 단오날 부터 팔월보름까지 찼다. 노리개는 장식적인 요소로서 향을 넣을 수 있는 향낭노리개와 향을 담는 향갑으로 만든 향갑노리개, 바늘을 꽂아두던 바늘집으로 만든 침낭 노리개 등을 장식용과 더불어 실용적인 요소도 있다.

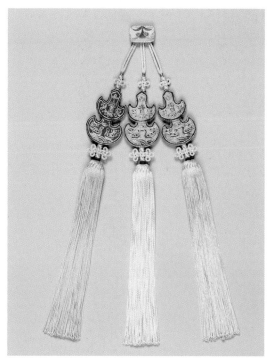

〈그림 63〉 침낭 노리개

〈그림 64〉 장도 노리개

장도 노리개

장도를 주머니 속이나 노리개에 차는 것으로 패도라 하며 주머니 속에 지닌 것을 낭도라 하여 호신용을 겸했다.

3   신

조선시대는 어느 때 보다 분화(分化)가 발달하고 신분계급이 뚜렷한 사회의 배경으로 신에게 많은 영향을 주었다. 여인들은 포백제로 만든 운혜와 당혜를 신었으며, 남녀공동의 짚신, 나막신, 종이신, 놋신 등이 있었다.

〈그림 65〉 당혜는 여자들의 갓신으로 코와 뒷꿈치에 당초문을 놓아 만든 것으로 겉은 가죽위에 무늬있는 비단으로 싸서 만들었기 때문에 당혜라 하고 사대부 여인들이 주로 신었다. 〈그림 66〉 운혜는 비단과 융으로 가죽위를 입히고 코와 뒷꿈치에 구름무늬를 대거나 수를 놓기도 한다 〈그림 67〉 기혜는 코에 무늬가 없는 외코신으로 울타리가 얇아서 불편하기는 했으나 맵시가 있는 기생들의 신발이다.

〈그림 65〉 당혜

〈그림 66〉 운혜

〈그림 67〉 기혜

08
___

궁중행사도에
표현된 복식

궁중행사도는 궁중기록화로서 한 시대의 모습을 보존하고 기념하며 전승하는 역할 때문에 조선왕조 전시대에 걸쳐 꾸준히 제작되었다. 궁중행사도와 가장 밀접한 관계가 있는 부분은 바로 가례(嘉禮)이며, 현재 전하는 궁중행사도의 내용은 대부분이 예연(禮宴), 사연(賜宴), 친림사연(親臨賜宴), 진하(陳賀), 책봉(册封), 어첩봉안(御帖奉安), 과거(科擧) 등 가례와 직. 간접적으로 연관되어 있다. 그 밖에 길례(吉禮)에 해당하는 종묘제례(宗廟祭禮), 문묘알성(文廟謁聖), 능행(陵幸) 등이 있으며, 군례(軍禮)에 해당하는 대사례(大射禮)가 있지만 매우 작은 비중을 차지한다. 궁중행사도의 제작 연원은 15세기부터 관료사회에 크게 성행한 결계(結契)가 동료애를 형제의 의리에 비유하며 자신들의 결속력과 자부심을 키워나가기 위해 계회도(契會圖)를 제작한 것에서부터 시작하였다.

이는 복식문화에 대한 이해뿐만 아니라 행사와 관련된 공간 배치와 기물, 행사 참여자의 위차(位次) 등을 함께 보여주고 있다. 조선왕조의 숙종 45년(1719)년 이전까지는 궁중진연에 대한 기록이 거의 없었다. 18세기 진연 중에 가장후기의 것인 "원행을묘정리의궤"속의 봉수당 진찬의에는 진찬도와 복식도 및 각종도식이 포함되어 있다. 〈그림 67〉 정조임금 수원화성행차는 19세기 후반 8폭 병풍인데 1795년(정조 19) 정조가 어머니 혜경궁(惠慶宮) 홍씨(洪氏)의 회갑을 기념하기 위해 사도세자(思悼世子)의 묘소인 현륭원(顯隆園)이 있는 경기도 화성(華城)에서 개최한 행사 장면을 그린 그림이다.

제1폭 명륜당 참배(華城聖廟展拜圖), 제2폭 과거시험(洛南軒放榜圖), 제3폭 혜경궁 회갑잔치(奉壽堂進饌圖), 제4폭 경로잔치(洛南軒養老宴圖), 제5폭 야간군사훈련(西將臺城操圖), 제6폭 활쏘기와 불꽃놀이(得中亭御射圖), 제7폭 한양으로 돌

아오는 행렬(還御行列圖), 제8폭 환궁길 한강 배다리(漢江舟橋還御圖)로 구성되었다. 〈그림 68〉 제작년도가 1874년, 10폭 병풍은 (고종 11) 2월 원자(元子), 순종(純宗))의 탄생을 축하하기 위한 진하(陳賀) 행사 광경을 그린 궁중행사도이다. 전체 10폭의 병풍으로 장황되어 있다.

제1폭과 제10폭에는 관원들의 이름과 관직, 품계 등이 적혀 있고, 제2폭에서 제9폭에 걸쳐 창덕궁(昌德宮) 인정전(仁政殿)에서 열린 행사 장면이 그려져 있다. 행사 장면 묘사에는 부감법(俯瞰法)과 평행사선구도를 이용하였으며, 인정전 건물의 기둥과 벽면을 높게 표현하여 실내 광경이 들여다보이도록 하였다. 행사에 동원된 인원과 여러 기물들이 선명한 색채로 표현되어 있다. 좌목(座目)의 내용으로 보아 순종이 태어날 때 설치된 산실청(産室廳)에서 일했던 관리들의 주도로 이 병풍이 제작되었음을 알 수 있다.

〈그림 69〉 궁중행사도는 제작년도가 1902년 유형은 4폭 병풍에 진연(進宴) 행사 광경이 잘 표현 되어 있으며, (광무 6) 임인년(壬寅年) 11월 고종의 즉위 40주년을 축하하기 위해 경운궁(慶運宮)에서 거행한 진연(進宴) 행사 광경을 그린 것이다.20세기 동기복식에는 악사복식, 전악복식, 악공복식, 전안악공복식이 있으며, 18세기 무동복식과 19세기 무동 복식이 있다.

〈그림 70〉 궁중진하도는 나라에 경사가 있을 때 왕세자 및 백관이 글을 진하(陳賀)하여 왕에게 축하를 받고 기쁨을 표시하는 의식으로 연향과는 달리 진찬이 설행되지 않는다. 현재 남아 있는 조선시대 진하도(陳賀圖)는 모두 영조대 이후의 작품으로 19세기에 병풍그림으로 많이 그려졌는데, 진하례만으로 구성된 독립된 도병으로 그려지거나 궁중연향도병의 한 장면으로 그려졌다. 그림의 내용은 대치사관(代致詞官)이 치사를 낭독하는 장면이 주로 그려졌다.

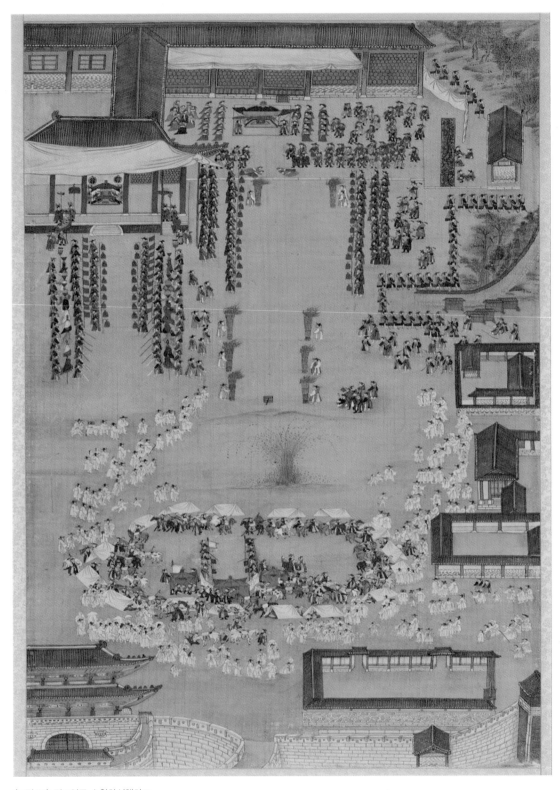

〈그림 67〉 정조임금 수원화성행차도

〈그림 68〉 궁중행사도

〈그림 69〉 궁중행사도

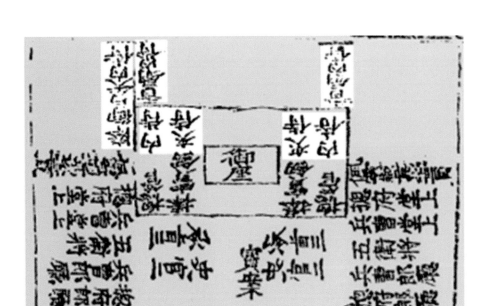

〈그림 70〉 궁중진하도(宮中陳賀圖)

　궁중정재는 천지사방의 모든 조건을 만족시킬 수 있는 사상적 기반을 찾아 나라의 안녕과 번창함을 기원하기 위함이다. 궁중무용은 삼국시대, 고려시대, 조선시대를 거치면서 각 시대의 정치적 이념과 도덕적 이념이 변화하고 문화적 환경이 바뀜에 따라 그 모습이 변화 하였다. 조선 전기는 성리학적인 관점에서 양반 중심의 문화가 형성되어 생활에 필요한 교양이나 심신의 수양을 위한수단으로 형식과 내용을 중시하였다. 조선 후기에는 양반 중심의 문화가 서민으로까지 확대되어 순조조에는 궁중무용의 황금기, 전성기라 할 정도로 많은 발전을 하여왔다. 궁중무용은 일반적으로 정재(呈才)라고 부르는데 정(呈)이란 글자의 자의가 그러하듯이 무엇을 드러내 보이는 것과 올려 바치는 것으로 갖가지 재주로 존귀한 분에게 보여드린다는 뜻을 의미한다. 아름다운 춤과 노래에 국한하여 궁중에서 즐거운 연례에 추어지는 춤과 노래를 모두 '정재'라 이르고 있다. 정재는 현재까지 50여 종이 넘게 기록으로 전해지고 있으며, 대부분의 정재가 군무(群舞)로 이루어져 있다.

1 정재복식 (呈才(服食)

정재복식이라 함은 왕가의 생신, 관례, 책례, 가례, 입사 등의 통과 의례를 위한 각종행사에 음악과 무용으로 재주를 드리는 것을 뜻한다. 18세기 악인복을 살펴보면 진연시 정재에 있어 다른 시기보다 악인의 역할이 두드러지는 시기로 이들 악인은 장악원(掌樂院), 아악서(雅樂署), 전악서(前惡署)에 소속되어 제향조회, 연회에 있어 궁중연악을 담당 하였으며, 궁중진연에 있어서는 진행되는 매 절차마다 정재에 해당되는 악작을 진행 하였다. 정재복식의 기본구성은 화관·단삼(單衫)·상(裳)·한삼(汗衫)·대(帶)·혜(鞋 : 운두가 낮은 신) 등이며, 여기에 하피(霞帔 : 어깨의 앞·뒤로 늘이는 긴 끈)와 비구(臂韝)가 첨가되기도 하였다. 동기(童妓)의 복식구성은 입(笠) 또는 화관과 단의(丹衣)·상·말군·대·혜·유소(流蘇 : 단의 위에 늘어뜨리는 장식품) 등이며, 악장(樂章)에 따라 독특한 복식을 보여준다. 조선왕조실록 등의 기록에 나타나는 사치금제에서의 기녀복식을 살펴보면 기녀는 양반부녀자와 동등하게 복식의 사치가 허용되고 있었다. 즉, 사(紗)·라(羅)·능(綾)·단(緞)을 재료로 한 모든 복식품의 착용이 허용되었으며, 금·은으로 만든 여러 가지 장신구를 사용할 수 있었다. 이와 같은 기녀복식의 양상은 비일상적·비실용적이며 매우 장식적이고 화려하였음을 알 수 있다.

2 20세기 상복복식

각 정제는 4월 임인진열 주청 전도상궁은 어유미를 쓰고 삼색연광수대가 달린 흑사원삼을 입고 안에는 남색상, 곁에는 남사상을 입고 남색금수대를 띠고 홍색온혜를 싣는다. 5월에 열리는 신축진찬의 계정 전도 상궁은 어유미를 쓰고 흑사원삼을 착용하고 삼색의 연을 댄 광수 이며, 안은 남색, 겉은 남색사로 된 상을 입으며, 남색금수대를 하고 홍색온혜를 신는다. 7월 신축진찬에는 시위, 배위, 계청, 승도, 전도상궁은 어유미를 쓰고 삼색연광수대가 달린 초록원삼을 입고 안에는 남색상, 겉에는홍사상을 입고 남색 금수대를 띠고 홍색온혜를 신는다. 11월 임인진연에는 시위, 배위, 계청, 승도, 전도상궁은 어유미를 쓰고 삼색연광수대가 달린 초록원삼을 입고 안에는 남색상, 겉에는 홍사상을 입고 남색금수대를 띠고 홍색온혜를 신는다.

3 춘앵전 무보

춘앵전이 초연된 것은 19세기 초로 효명세자가 어머니 순원숙 황후의 보령(寶齡 임금의 나이를 높여 부르는 뜻) 40세를 경축하기위한 진작(進爵궁중행사시 임금에게 술잔을 올리는 행위)례 때 행한 춤으로 효명세자가 악장을 짓고, 악장에 어울리는 춤시위를 하는 것은 대리청정시기였기에 예악으로써 세도정치로 인한 왕권을 일으키고 태평성대를 이루고자 하였고 부모에 대한 효를 강조하면서 민심을 얻고자 성대한 연향을 명분으로 정치적 주권을 드러내는 메시지를 담은 궁중연향을 여러 차례 개최 하였다.

〈표 5〉 화관무와 정재복 장신구

년도	사용자	장신구	용도
신무용 의상	부채춤 독무자	검정색 칠보족두리	한시적으로
	부채춤 군무진	검정색 칠보족두리	화관 사용
재구성	독무자. 군무자	화관 사용	옥색과 분홍색 화관 사용
1968	독무자	붉은색 화관	
	군무자	당의 색상에 맞추어	
1980년	독무자	당의 색상과 관계없이	붉은색 화관
	군무자		
1990년 이후	독무자	검정색 바탕에 구슬로 만든 술 장식	화관사용 하지 않고 족두리만 사용
	군무자		

〈그림 71〉 국말무복 착용모습

국말무복 교육용으로 재현

〈그림 72〉 춘앵무 재현 일습

〈그림 73〉 정제복식 절차를 따라 현대적 춘앵무 재현을 표현

〈그림 74〉 화관을 착용한 관기, 동기복 일습

　〈그림72〉 조선시대 관기(官妓)와 동기(童妓)들이 춤사위를 할 때 입는 의복이
다. 관(官)에서 큰 잔치가 있을 때 기녀들이 가무와 악기연주로 흥을 돋우며 행사
를 이어지게 할 때 춤의 종류에 따라 옷차림새도 달리 하였다. 보통 때는 녹삼(綠
衫)을 착용하였으며, 소매 끝에는 홍색이나 황색의 색동을 달아 꾸몄고 머리에는
화관을 쓰고 더욱 화려하고 아름답게 하였다. 또한 손목에는 한삼을 끼워 율동시
춤을 더 한층 아름답게 표현하였다

　본고에서 조선시대를 다루면서 머리모양을 고대로부터 받은 영향은 고구려벽화
에서 전면을 보여주고 있다. 이러한 역사적 시대적 흐름에 따라 변천해 왔지만 가
장 기본이 되는 쪽머리와 둘레머리, 얹은머리, 트레머리는 시대를 막론하고 이어져
왔으며, 조선시대는 궁중여인들의 품계에 의한 가체(다리)사용에 의한 머리모양이
대수머리, 거두미, 어유미 화관머리, 첩지머리 등과 쓰개를 쓰기 시작한 여인의 모
습에서 많은 차이점을 시사하고 있다.

09

전통과 미학

전통 미학이란 수천에 걸쳐 변화해온 우리 문화예술의 축적된 미학가치의 개념의 다른 이름일 것이다. 전통미학을 논의하자면 춘향전이 제일먼저 거론되어야하고 암행어사, 흥부전, 심청전, 수궁가, 적벽가 등을 예로 들 수 있다. 하지만 이러한 주제는 전통미학과 상상력의 스토리 개념으로 거리가 있다고 생각한다. 그래서 본고에서는 정석진(2018)의 논문에서 청신(請神), 오신(娛神), 송신(送信)을 구별한다. 이중 전통관련 된 복식의 미와 한류의 미학적 접근해 보고자 한다.

1. 예술의 미학

오늘날 우리들이 사용하고 있는 예술이란 용어는 근대 서구의 학문이 소개 되면서 수용 정착된 개념으로 예술이란 어휘 자체는 일찍이 고대 중국에서 후한서(後漢書), 안제기(安帝記), 진서(晋書), 예술전(藝術傳) 등에서 찾아볼 수 있는데 이 경우 학문이나 기예를 의미하였다. 예(藝)라는 글자는 재주나 재능을 의미하며, 예술은 서구어에서 art의 기원으로 간주한다. 이처럼 예술은 기술이란 의미와 인격 완성을 위한 교육적 내지 윤리적 "효용성"의 의의가 있다.

2. 풍류의 전통

대풍류는 거상악(擧床樂), 또는 삼관풍류, 풍류가락 등으로 부르기도 하며, 제의적, 유기적, 음악적 기능을 한다. 조선시대 궁중진연 연회는 관아에서 제례와 연례에 대풍류를 연주하였으며, 춤 반주로서 고무, 검무, 승무 등에 음악반주와 복식의 미를 갖추어 연회를 베풀었다. 한국의 대중문화에서 우리의 역사와 지리적 전통속에 내재되었던 미학의 거대한 에너지가 디지털매체 기술과 함께 결합하여 핵융합 같은 폭발을 일으키고 있다.

해설

청신 : 굿을 가능케 하는 시간과 공간의 근원을 밝히는 과정

오신 : 굿의 직접적인 목적과 부합되는 신을 청신하여 즐겁게 하는 과정

송신 : 굿에 관련한 신들을 불러 풀어먹이고 보내는 과정

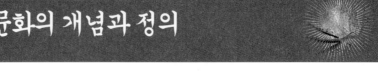

01 전통문화의 개념과 정의

전통이란 용어의 뜻은 여러 세대를 거치면서 역사성이 축적되고 침전된 가치 및 신념체계 또는 세계관이라고 정의한다. 전통은 한 집단이나 공동체 내에서 형성되어 역사적 생명을 가지고 내려오는 사상·관습·행동 등의 양식이나 그것의 핵심을 이루는 정신적 가치 체계를 말한다.

전통을 습관적 행동, 즉 관습의 모든 것을 포함하는 것으로 파악하면서, 전통이 종교적 의식에서 관례적인 인사에 까지 영향을 미치고 있다는 것은 (이칠성 2018)논문에서 ① 과거로부터 현재로 전달되는 것일 수 있지만 과거 시점에서의 의미가 그대로 전해지는 것은 아니라 인간이 선택한 결과에 따라 존재하는 것으로 유동적으로 변하는 사회적인 산물이다. ② 전통은 전수되고 변형되고 또는 소멸되는 것으로, 현재 존재하고 있는 사회·정치적 형태 내에서 사회에 대한 부분적 설명을 제공하는 것이다. ③ 전통은 사회의 발전에 따라 개선되어 가는 것이며, 그 중에는 새롭게 변화한 사회 내에서도 살아나는 것도 있고, 이미 과거의 의미만을 갖고 묻혀 버려 생명을 잃어 가는 것도 있다 ④ 전통은 물질적 문화적 측면 뿐 아니라 정신문화적 측면을 강조하고 있으며, 과거의 유물이 아니라 끊임없이 재창조된다. ⑤ 전통은 여러 세 ⑥ 변화와 변형을 거듭하여 공동체 속에 녹아들어 형성되어 공유되는 것이므로 주체적으로 체득하고 탐구해야 할 대상이다. ⑦ 전통이 단순히 과거로부터 전해져서 변화하는 모든 것이 아니라, 민족의문화적 정체성을 대변하는 것으로 오늘날까지 가치를 가지고 있는 유·무형의 문화적요소이기 때문이다. ⑧ 전통은 가치적 개념이기에 역사성·지속성과 문화적 고유성이 있다고 해서 전통이라 할 수 없다. 또한 현대적 가치만 있다고 해서 전통이라 할 수 없다. ⑨ 전통은 역사적 지속성, 문화적 정체성, 현실적인 가치를 동시에 가지고 과거와 현재를 관통하는 보편적 가치라고 했다. 민족의문화적 정체성을 대변하는 것으로 오늘날까지 가치를 가지고 있는 유·무형의 문화적요소이기 때문이다. ⑩ 전통은 가치적 개념이기에 역사성·지속성과 문화적 고유성이 있다고 해서 전통이라 할 수 없다. 또한 현대적 가치만 있다고 해서 전통이라 할 수 없다. ⑪ 전통은 역사적 지속성, 문화적 정체성, 현실적인 가치를 동시에 가지고 과거와 현재를 관통하는 보편적 가치라고 했다.

02 전통문화의 의미

　첫째, 전통은 집단이나 공동체에게 과거로부터 전해진 것으로 과거와 현재 그리고 미래를 잇는 지속성을 갖는다. 둘째, 전통은 지속된 고유성을 지니지만 전해진 것은 변화하므로 유·무형의 새로운 문화를 창조해낸다. 셋째, 전통은 문화유산으로서 가치를 지니는 것으로 문화와 일맥상통하는 부분이 있다. 넷째, 전통은 정신적 가치가 내재되어있으므로 역사의식을 포함한 신념체계 또는 세계관을 갖는다. 이는 지식이나 예술세계 또는 종교 등에 영향을 끼친다. 다섯째, 전통은 사상이나 행동양식 또는 생활양식 따위이므로 사회구조와 규율, 관습 등이 형성된다. 이와 같이 전통은 현재 우리가 지향해야 할 목적인 생태적으로 지속 가능한 삶을 살기 위해서 조상들의 삶 속에 녹아 있는 생활의 지혜를 배워 현 시대에 맞도록 새롭게 해석하거나 새로운 지식과 가치를 구성해가야 함을 시사한다

03 전통머리와 궁 궁중복의 실제상황

    시, 군, 구 각 지자체에서 해가 바뀌고, 때가 되면 곳곳에서 진행되어지는 문화 행사는 무엇을 목적으로 하는지 알 수가 없는 것이 현실이다. 전문가는 현장에서 살아 숨쉬는 보물찾기를 하기위해서는 직접 느끼고 체험하면서 우리의 옛것에 대한 귀중함을 널리 알리기 위해서는 실제 상황들을 관객을 통해 전하고자 하는 메시지가 있어야 할 것이다.

〈그림 74〉 2013. 충주 세계조정경기대회 문화 행사

〈그림 75〉 2013. 인천 남동구민과 함께 문화행사

〈그림 76〉 북한산 한문화 축제

〈그림 77〉 2018. 북한산 문화행사

연구 작가들의 모습

교재작업 준비를 하면서 작가들은 박물관등 유적지를 탐방하면서 연구에 매진하였다.

쪽에 따른
복식의 변화를
살펴보고자
한다.

당의를 입고 쪽머리를 한 일습

제조상궁의 당의를 입고 쪽머리를 한 일습

쓰개 의복을 착용하고 쪽머리를 한 일습

여염집 아낙네의 일습 차림과 쪽머리의 모습

01. 태어나서 처음 단장하는 어린이 머리는 ?
① 종종머리   ② 배씨   ③ 땋은머리   ④ 바둑판 머리

02. 조선시대의 떠꽂이 두 개로 고정시켜 목제 가발을 사용한 머리모양은?
① 가채머리   ② 쌍수계   ③ 거두미   ④ 딴머리

03. 머리를 두 가닥내고 왼쪽가닥은 오른쪽으로 오른쪽가닥은 왼쪽으로 교차해서 또아리 모양
으로 얹은 뒤 댕기로 장식한 머리모양은?
① 어유미   ② 가체   ③ 사양계   ④ 빗치계

04. 이경구의 오주연 문장 전 산고에는 우리나라 방언에 어여마니(於如摩尼)라는 말이 어떤 머리
를 말하는가?
① 얹은머리   ② 쌍환계   ③ 어유미   ④ 사양계

05. 조선시대 상궁들의 졸음 예방용 머리모양이란?
① 첩지머리   ② 둘레머리   ③조짐머리   ④ 새앙머리

06 . 상고시대 머리모양에 대한 설명중 옳지 않은 것을 고르시오.
① 피발 , 자연 상태의 머리모양으로 전혀 손질하지 않은 머리 형태를 의미한다.
② 속발 , 빗이나 비녀가 발명된 머리모양
③ 수발 , 머리카락을 늘어뜨린 형태를 말한다.
④ 변발 , 단군시대 머리모양으로 머리를 땋아 늘어뜨린 형태를 말한다.

07. 이여성이 저술한 조선 복식고에 수록된 고구려 벽화에 나타난 머리모양에 대한 설명이다 어떤 머리 모양을 지칭하는가.

① 얹은 머리　　② 북계식　　③ 풍기명 머리식　　④ 수계식

08. 머리의 변두리를 깍고 정수리 부분만 남겨 놓아 땋아 늘이는 머리형태는?

① 쌍수계　　② 개체변발　　③ 아환계　　④ 비천계

09. 머리카락이 자연스럽게 흘러내리도록 한 머리모양 형태를 말하는 것은?

① 수소계　　② 부용계　　③ 포계　　④ 쌍계

10. 고구려 벽화에 이여성 선생님이 처음으로 얹은 머리라고 지칭한 머리는?

① 타마계　　② 반환계　　③ 유소계　　④ 분소계

11. 비천계를 볼 수 있는 유물이 아닌 것은?

① 무용총 벽화에 거문고를 타는 여인

② 여사잠도의 머리 빗는 여인

③ 덕흥리 고분벽화에서 완함 연주하는 여인

④ 강서대묘의 천장 벽화에 있는 선녀

12. 건괵에 대한 설명으로 옳지 않은 것은?

① 구당서에 구체적인 명칭이 보인다.

② 건괵은 일할 때 사용하는 머릿수건이다.

③ 괵 자는 부인의 머리를 장식하는데 쓰는 헝겊이라는 뜻이다.

④ 서북지역에서는 수건을 쓰고 남의 집을 방문하는 것이 습관처럼 되어있다.

13. 송나라가 건국하면서 유행한 머리로 하늘을 향해 올린 현상을 한 머리모양은?

① 추마계　　② 쌍환계　　③ 조천계　　④ 왜타계

14. 고려시대 의복을 처음으로 정비한 왕은 (ㄱ)이고 머리모양과 직접관련이 있는 옷차림 제도로써 자리를 잡게 된 것은 (ㄴ)때였다.(ㄱ),(ㄴ)에 알맞게 들어갈 왕 이름으로 바르게 나열된 것을 고르시오.

① (ㄱ)효종, (ㄴ)혜종
② (ㄱ)혜종, (ㄴ)목종
③ (ㄱ)광종, (ㄴ)목종
④ (ㄱ)광종, (ㄴ)의종

15. 조천 계에 대한 설명으로 옳은 것은?

① 조천계가 유행할 무렵 송나라 여인들 사이에는 가발이 유행했다.
② 조천 계는 다리를 이용한 가발인데 이 다리는 대중적으로 보급된 중저가품이었다.
③ 태종 때에는 가발의 사용을 장려하기로 했다.
④ 수월관음도 연지미인에 나오는여인들의 머리모양은 다리를 이용하지않은 납작한형태였다.

16. 아계와 환계의 대한 설명으로 옳지 않은 것은?

① 아계는 계의 가운데가 비어있지 않은 대신 환계는 속이비어 있다.
② 아계는 계를 높이 솟구치게 하지만 환계는 귀밑이나 목으로 내리는 경우도 있다.
③ 아계는 결혼하면서부터 하는 머리이고 환계는 처녀들이 하는 머리이다.
④ 아환계는 은나라 때도 있었다.

17. 우리나라 여성의 전통적인 머리에서 혼인여부를 알아 볼 수 있는 장치는?

① 남바위
②전모
③아얌
④쪽

18. 공민왕 신당에서 발견된 노국공주의 머리모양에 대한설명으로 옳은 것은?

① 가체머리를 크게 올리고 장식 띠로 머리아래를 바쳤다.
② 송나라 여인들의 유행머리와 유사하다.
③ 공민왕과 마찬가지로 복두를 쓰고 있다.
④ 몽골풍이 반영되어 있다.

19. 고려의 마지막 임금은?

①공민왕
②충렬왕
③공양왕
④충숙왕

20. 일본 경도에 있는 대덕사 소장품으로 고려말시 대상이나 풍속의 면모를 알수있게 해주는 작품은?

① 모당평생도　　　② 고란사벽화　　　③ 부벽로연회도　　　④ 수월관음도

21. 어여머리에 꽂아 장식하는 떨잠반자는 흔히 이 명칭으로 불린다. 무엇인가?

①뒤꽂이　　　②비녀　　　③떨잠　　　④봉잠

22. 음료나 과자를 만드는 생과방이나 세수물이나 목욕을 담당하는 세수간(洗手間)요리를 담당하는 소주방(燒廚房)빨래를 담당하는 세답방(洗踏房)에서 일하는 견습나인의 머리모양은?

①땋은머리　　　②벌생머리　　　③얹은머리　　　④거두미

23. 궁녀들이 일하는 7개소의 처소가 있다. 연결이 잘못된 것은?

①침방 : 아픈 곳의 침을 놓은 곳이다.

②수방 : 궁 안에서 수를 놓은 곳이다.

③세답간 : 빨래를 담당하는 곳이다.

④생과방 : 다과나 간식을 준비하는 곳이다.

24. 점처럼 작게 그린 불상을 연결하여 그린 고려말의 관음상은 물과 달 그리고 버드나무가 있다 하여 이렇게 부른다.무엇인가?

①격직도　　　②계회도　　　③수월관음도　　　④빈풍도

25. 어유미(魚油味)는 어여마니라고 불리기도 한다. 어여 가 두른다는 뜻이면 마니의 뜻은?

①달비　　　②머리　　　③가체　　　④비녀

26. (궁중가례)란 어떤 의식을 말하는가?

①혼례　　　②상례　　　③제례　　　④관례

27. 영조는 조선시대 가장 오랫동안 나라를 다스린 임금이다. 그 모친이 처음 일하였던 신분은?

①무수리　　　②상궁　　　③희빈　　　④소용

28. 가체머리로 인한 사회적 민폐가 심해지자 급이야 놓은머리를 내리라는 가체금지령을 1차로 선포를 내린 임금은?

①태조 　　　　②영조 　　　　③숙종 　　　　④세종

29. 1947년에 편찬된(조선복식고)를 보면 푼기명머리 묶은 중발머리 쪽머리 얹은머리 등이 기록되어 있다 이책의 저자는?

①이능화 　　　　②김용숙 　　　　③이여성 　　　　④이규경

30. 가체금지령 이후 궁에서 정착된 머리모양이 아닌 것은?

①새앙머리 　　　　②첩지머리 　　　　③밑머리 　　　　④어유미

31. 조선시대후기 기생들은 외출할 때 이것을 착용하여 햇빛도 가리고 내외용으로 사용하기도 했다.신윤복의 풍속화에도 많이 등장하는 이 쓰개의 이름은?

①전모 　　　　②족두리 　　　　③남바위 　　　　④굴레

32. 숙종 때 육당 최남선의 소설 춘향전에 춘향이의 머리모양은 금봉차도 꽂고 비녀도 꽂았다는 춘향이의 머리모양은?

①사양계 (사양머리) 　　　　　②첩지머리 (떄 머리)

③동심계 (쪽머리) 　　　　　④땋은머리 (댕기머리)

33. 첩지의 구조 중 알맞게 짝지어진 것을 고르시오.

①받침대 : 너비3.5cm 　　　　②몸체 : 4cm−6cm

③다리 : 몸체만 고정 　　　　④받침대 : 길이 5.5cm

34. 신분에 따라 첩지가 알맞지 않게 짝지어진 것은?

①용 첩지 : 비 빈 착용 　　　　②개구리첩지 : 상궁 ,나인

③흑각첩지 : 상중일 때 　　　　④봉첩지 : 왕비 ,후궁

35. 첩지의 종류 중 알맞지 않은 것은?

①용 첩지   ②흑각첩지   ③원앙첩지   ④봉첩지

36. 첩지형태의 모양이 아닌 것은?

①용   ②봉   ③개구리   ④뱀

37. 사양계는 조선 중기 이전의 머리 모양 이다 .시간의 변화에 정착된 머리형은?

①첩지머리   ②새앙머리   ③트레머리   ④가체머리

38. 다음 중 조선시대 미혼녀의 머리모양 중에 처녀들의 머리명칭이 아닌 것은?

①사양머리   ②지머리   ③새앙머리   ④생머리

39. 새앙머리의 설명이다 .다음 중 틀린 것은?

①민가에서도 보편적으로 할 수 있었다.

②삼국시대의 쌍계에서부터 변화한 처녀의 머리모양이다.

③궁중의 관례이전의 머리형이다.

④사양계 사양머리 생머리라고도 한다.

40. 어릴 적 입궁한 나인이 댕기머리를 하지 않고 바로 새앙머리를 한 처소가 아닌 곳은?

①수방   ②소주방   ③지밀   ④침방

41. 새앙머리는 궁중의 양(樣)식(飾)이라고도 한 다 .누가하는 머리형인가?

①소의 숙의   ②소용 .숙용   ③공주 및 옹주   ④귀인 .숙원

42. 새앙머리에 드리우는 댕기는 어떤 것인가?

①자주색댕기   ②배씨댕기   ③남색댕기   ④도투락댕기

43. 새앙머리의 증언자이면서 마지막 상궁 3명 이었다.아닌 사람은 누구인가?

①박창옥   ②성옥염   ③김명길   ④김용숙

44. 머리모양에 대한 설명이 맞게 연결된 것은?

①첩지머리 –일반 부녀자들이 하던 머리모양이다.

②쪽머리 –궁중나인들이 하던 머리모양이다.

③새앙머리 –국말 궁 양의 머리모양으로 처소에 따라 15세 이전과 이후에 보여 진 형태

④새앙머리 – 가체금지령이후 정착된 머리모양

45. 궁중나인들의 처소와 하는 일이 잘 연결된 것은?

①생과방–궁안의 아침과 저녁 그리고 각종 연회의 음식을 준비하는 곳

②침방–왕과 왕비의 곁에 수족처럼 움직이며 돌봐주는 곳이다.

③세답간–세수물과 빨래등을 담당하는 곳이다.

④수방–왕과 왕비의 필요한 용품에 수를 놓는 곳이다.

46. 조선시대는 쪽머리 시술과 관련이 없는 것은 어느 것인가?

①미혼녀의 머리이다.

②쪽에 각종 꽂이를 꽂았다.

③계례를 치르기 위해 비녀가 있어야 한다.

④기혼녀의 머리이다.

47. 여인의 머리를 국가가 제제한 규정의 명칭은?

①주취 칠적관　②동경잡이　④가체금지령　④가례편람

48. 쪽머리에 댕기를 드린다.상을 당했을때의 댕기는 어느색의 보편적일까?

①남색댕기　②흰색댕기　③배씨댕기　④검은색댕기

49. 가체로 인해 금지령까지 내렸을 때 문제해결 대안으로 제시된 머리모양이란?

①가체머리　②새앙머리　③첩지머리　④쪽머리

50. 쪽머리에 꾸며지는 댕기의 명칭은?

①도투락댕기　②배씨댕기　③말뚝댕기　④드림댕기

51. 쪽머리에 관한 설명으로 틀린 것은?

① 고려시대불화에서 비녀를 꽂은 쪽머리를 볼 수 있다.

② 삼국시대에는 비녀를 사용한 것이 보이지 않는다.

③ 진나라의 역사서인 진서에는 고려여인들의 쪽에 비녀를 했다는 기록을 찾아볼 수 있다.

④ 민주면의 동경잡기(東京雜記)에서 신라 때 북쪽이 허결 하다하여 부녀자들로 하여금 뒷머리에 머리를 뭉치게 해서 변방을 튼튼히 지키자는 뜻에 북계(北髻)라 불렀다.

52. 2차 가체 금지령은 언제 실시된 것인가?

①세조   ②영조   ③숙종   ④순종

53. 조선시대 머리 형태에 대한 설명이다 맞는 것은?

①쌍계는 신분이 낮은 계급에 속해 있던 사람들의 머리모양이다.

②궁중여인들을 포함 상류층여성 가채사용을 즐겼다.

③쪽머리는 밑에서 떨어졌을 때의 모습과 같다하여 일명 추계라 함

④족두리는 청나라에서 전해진 것이다.

54. 관례(계례)를 한 후 정혼된 여인은 어떤 머리형을 하고 있는 것인가?

①새앙머리   ②벌생   ③쌍계   ④쪽머리

55. (다리)의 다른 명칭의 의미와 같지 않은 것은?

①가발   ②달비   ③월자   ④다래

56. 댕기의 연결이 잘못된 것은?

①새앙머리–네 가닥 댕기

②상중일 때–흰색댕기

③혼례 때–드림 , 도투락 댕기

④무수리나인–고잉 댕기

57. 쪽머리의 다른 명칭으로 알맞지 않은 것은?

①북계   ②낭자머리   ③힐 자계   ④후계

58. 한국 여인의 자존심을 지켜온 머리라고 할 수 있는 것은?

①쪽머리   ②대수   ③거두미   ④어유미

59. 쪽머리의 설명이다 .틀린 것은?

①동경잡기에 기록되어있는 북계도 쪽머리이다.

②삼국시대에 보여지는 동심계가 곧 쪽머리이다.

③영조 때 가체가 심해지자 사치 방치 책으로 어유미를 권장하였다.

④고구려 고분벽화 쌍영총 무영총 각저총에 있는 여인들의 머리형은 곧 쪽머리이다.

60. (춘몽자회)에서는 여성의 머리를 가리켜 상투라 하지 않고 이것으로 표현하였다 .무엇인가?

①가반   ②다리   ③체계   ④월자

참 고 자 료

우 정, 2018,『숙종·영조대왕대비 상존호의의 시행과 의의』, 한국중앙연구원 한국학대학원, 석사학위논문, p.34,

서예진, 2018,『영정모사대감의궤에 수록된 편연디 재현연구』, 국민대학교대학원, 석사학위 논문, p.8.

최민식, 2009,『조선후기 내명부의 머리 양식 및 고찰』, 한남대학교 사회문화대학원, 석사학위논문, p.3,7.

손미경, 2013,『조선시대 여인의 어유미와 어두미에 관한 연구』, 국제문화대학교대학원, pp.13~15, p.76.

이영숙, 2014,『조선시대 여성두발양식의 사회문화적 형태분석과 현대적 응용』, 서경대학교, 박사학위논문, p.2.

권미숙, 2010,『조선시대 여인들의 가체머리 변천에 관한 연구』, 국제문화대학원, 석사학위논문, p.5.

조희영, 2008,『조선시대 내시복식연구』, 단국대학교대학원, 석사학위논문, p.국문요약.

구지연, 2005,『전통복식유물의 전시 및 활용방안에 관한 연구』, 숙명여자대학교대학원, p.47.

권희정, 2013,『전통한복구성법의 해체와 재구성을 도입한 예복디자인 개발』, 동덕여자대학교 대학원 패션학과,
　　　　박사학위논문, pp.12~14.

백가의, 2015,『중국조선족 여자한복에 관한 연구』, 중앙대학교대학원 의류학과, 석사학위논문, p.25.

백인화, 2007,『조선시대 신분에 따른 궁중헤어스타일 연구』, 서경대학교 미용예술대학원 석사학위논문, p.30.

이은주, 2012,『조선시대 고전머리 모양의 기본형으로서의 쪽의 활용에 관한 연구』, 한성대학교 예술대학원,
　　　　석사학위논문, p.2,9,18.

정매자, 2018,『조선시대 고전머리와 모발 및 두피관리에 대한 보건학적 특성 연구』, 동덕여자대학교
　　　　보건과학대학원, 석사학위논문, p.10,15.

김연자, 2010,『조선후기 여성헤어스타일을 모티브로 한 퓨전업스타일 연구, 호서대학교 문화복지상담대학원,
　　　　석사학위논문, p.12.

최민식, 2009,『조선후기 내명부의 머리 양식 및 고찰』, 한남대학교 사회문화대학원, 석사학위논문, p.11,13.

이승미, 2010,『고구려머리모양을 통한 문화콘텐츠 자료 연구』, 건국대학교대학원, 석사학위논문, p.36.

김도연, 2013,『불화 속 여인들의 머리모양 재현을 통한 현대 헤어스타일 응용』, 한성대학교 예술대학원,
　　　　석사학위논문, p.1,7.

곽민경, 2010,『감로탱화 속 조선여인들의 머리모양에 관한 연구』, 용인대학교 경영대학원, p.11,26,28,32,38.

권혜진, 2009,『활옷의 역사와 조형성 연구』, 이화여자대학교대학원, 의류직물학과, p.15, 20,23,28.

『조선시대 적의(12등아청)를 입은 왕비 – 순종효황후』, 문화콘텐츠닷컴, 문화원형백과, 한국의 고유복식.

홍경숙, 2002,『현대전통한복에 나타난 자수에 관한 고찰』, 건국대학교 산업대학원, 석사학위 논문, pp.10~11.

명유석, 2017,『복온공주 활옷에 나타난 지속가능한 패션디자인』, 건국대학교대학원, 박사학위 논문, p.77,80,86,91.

한정혜, 2010,『복온공주 활옷의 자수문양과 침법에 관한 연구』, 건국대학교 디자인대학원, 석사학위논문, p.7.

김화영, 2016,『조선시대 장신구를 테마로 한 현대쥬얼리 디자인개발에 관한 연구』, 동신대학교대학원, P.5.

김진수, 2009,『조선시대 궁중여성 수발양식에 관한 고찰 및 재현』, 서울벤처정보대학원대학교, 박사학위논문, p.101.

김주영, 2007,『조선여인의 신분별 머리모양 변천에 관한 연구』, 남부대학교 산업정책대학원, 석사학위논문, p.5.

박상철, 2011,『미인도에 나타난 욕망에 대하여』, 홍익대학교대학원, 석사학위논문, p.18.

주혜나, 2005,『19세기 조선시대 여자 일반 복식에 관한 연구』, 이화여자대학교대학원, 석사 학위논문, p.16,22,23.

홍경옥, 2006,『우리나라 여성의 전통머리에 관한 연구』, 남부대학교 산업정보대학원, 석사학위논문, p.26.

김경애, 2008,『조선시대 트레머리의 헤어디자인 분석』, p.18.

박가영, 2010,『신윤복 풍속화와 영화 <미인도> 복식 비교 연구』, 숙명대학교대학원, 석사학위논문, p.10,13~15.

강정요, 2011,『17-19c 한·중·일 미인도의 인물 조형적 양식을 응용한 패션 일러스트레이션 연구』, 동명대학교대학원,
　　　　석사학위논문, p.7.

정명숙, 2008,『한국전통쓰개에 대한 문헌적 고찰 및 작품 제작에 관한 연구』, 영남대학교 산업대학원, 석사학위논문,
　　　　pp.9~14,27,28,30~32.

최현주, 2012,『조선시대 출사쓰개에 관한 연구』, 단국대학교대학원, 석사학위논문, p.3,11.

류미혜, 2008,『드라마 황진이 복식을 통해 본 현대 한복의 미의식 변화 연구』, 세종대학교대학원, 석사학위논문,
　　　　pp.32~33,36,44,47,48.

차지언, 2017,『황해도 화관무를 활용한 초등무용교육 프로그램 개발』, 춘천교육대학교 교육대학원, 석사학위논문, p.8.

조희영, 2008,『조선시대 내시복식연구』, 단국대학교대학원, 석사학위논문, p.44,66.

김영희, 2008,『정재춤사위 표현기법 연구』, 성균관대학교대학원, 박사학위논문, p.5.

공유화, 2015,『춘앵전 무보의 변천양상 고찰』, 숙명여자대학교, 전통문화대학원, 석사학위논문, p.1.

이지은, 2016,『순조 기축년 자경전야 진찬의 복원에 대한 연구』, 한국예술종합학교, 석사학위논문, p.5.

김백봉, 2012,『부채춤과 화관무 의상 연구』, 이화여자대학교대학원, 석사학위논문, p.35.

유익서, 2007,『전통미학과 상상력의 창작적 병형 연구』, 중앙대학교대학원, 박사학위논문, p.3.

이칠성, 2018,『전통문화에 대한 재인식이 전통문화 관심도와 전통문화 체험도에 미치는 영향 연구』, 경희대학교대학원,
　　　　석사학위논문, pp.11~12.

이혜진, 2010,『조선시대 궁중복식에 나타난 배색 특성 연구』, 한국교원대학교대학원, 석사학위논문, p.55.

국립고궁박물관 지식백과, 「용흥궁·철종외가」, 2019.02.10, 12시 20분.

글림자, 2018,『한복이야기』, 혜지원, p.141,150.

2002. 한국콘텐츠진흥원)2017.01.18

[네이버 지식백과], 「적의」, 문화콘텐츠닷컴, 문화원형백과 한국의 고유복식, 2002, 한국콘텐츠진흥원.

[네이버 지식백과], 「조선시대 적의(12등아청)를 입은 왕비 - 순종효황후」, 문화콘텐츠닷컴, 「문화원형백과 한국의
　　　　고유복식」, 2002, 한국콘텐츠진흥원, 2017.01.18.

인터넷, 한국학 중앙연구원, 역주 조선왕조실록, 충렬왕편, 2019.02.15.

유홍숙, 2011,『궁예복 작품집』, pp.31~37.

네이버 문화콘텐츠 닷컴, 「황후의 대례복」, 2019.01.17.

한국학 중앙연구원, 역주 조선왕조실록, 노의 편, 2019.2.15.

[네이버 지식백과], 「노의(露衣)」, 한국민족문화대백과, 한국학중앙연구원, 2017.01.18.

「조선시대의 예복」, 두산백과, 2015.02.15.

「시아버지와 며느리의 나들이」, 2011, 건국대학교대학원 한국복식전공, 도록.

[네이버 위키백과], 2019.01.28.

[네이버지식], 문화원백과, 의식주.

[네이버 지식백과], 「화관」, 문화콘텐츠닷컴, 「문화원형백과 전통혼례와 혼례음식」,

2005, 한국콘텐츠진흥원, 2019.02.10, 18시 40분.

[네이버] 「조선시대의 예복」, 두산백과.

http://navercast.naver.com/contents.nhn,2018,4.22.

[네이버 지식백과], 「기녀복」, 한국민족문화대백과, 한국학중앙연구원, 2017.01.20,

　　　국립중앙박물관.

김영숙 외, 2010,『한국전통복식 조형미』, p.8,41,232.

손미경, 2004,『한국여인의 발자취』, p.35,44,274,300,309,359,361,401.

채선숙 외 2016,『우리머리 이야기』, p.160.

김경실, 2003,『조선시대 궁중진연복식 경춘사』, p.13,53,62,114.

국립고궁박물관, <그림> 1,2,5,7,9,10,52,53,55,73,78,79,82~88.

최민식, 2009,『조선후기 내명부의 머리 양식 및 고찰』, 한남대학교 사회문화대학원, 석사학 위논문, p.12.

유홍숙, 2011,『궁예복 도록집』, 개인소장.

권혜진, 2009,『활옷의 역사와 조형성 연구』, 이화여자대학교대학원, 박사학위논문, p.18.

이혜경, 2018.『제3회 대한민국 미추홀전통문화예술작품 공모전』, p.37,97.

국립고궁박물관, <그림> 43,44,46,47,48~58,75.

김민주, 2018,『제1회 사)한국전통문화연구진흥원 주체, 베트남 하노이 한국문화원 국제전』

　　　국립고궁박물관, 장신구편.

「조선의 궁중연회」, 2014, 아시아게임 개최지원 도록.

국립중앙박물관소장, <그림> 67~70.

김주영, 2007,『조선여인의 신분별 머리모양 변천에 관한 연구』, 석사학위논문, p.26.

김영자, 2009,『한국 복식미 탐구』, p.321.

국립중앙박물관소장, <그림> 72.

한복학회, 2010, 인천지부 유홍숙작.

임명미,『조선왕조 500년』, p.474.

2014.11.07, 인천시 남동구청배 문화 행사.

최덕규, 2014,『고종황제의 독립운동과 러시아 상하이 정보국, 1904~1909, 한국민족운동연구』, 제81집, p.81.

조옥례, 2000,『조선시대 궁중여인의 예복에 관한 연구』, 한복문화학회 3권 3호, p.23.

이상은 외, 2009.03,『한국의상디자인학회지』, 제11권 1호, p.134.

민주석, 2005,『전통예술 연구와 한국미학』, 한국미학예술학회, p.19.

심광현, 2005,『한류의 미학적 특성과 문화 정치적 의미』, 국제문화산업교류재단, p.5.

이승미

건국대학교 뷰티디자인 대학원 뷰티디자인 박사
사단법인 한국전통문화연구진흥원 이사장
국가기술자격증 미용장, 이용장
전) 수원과학대학교, 을지대학교,
　　건국대학교 외래강사
현) 2013 한국명인

이영숙

서경대학교문화예술대학원 박사
세계 38개국 미용대회 M.C.B 컨슈머 1위
국가기술자격증 미용장
전) 삼육보건대학교 겸임교수
현) 사틴헤어 불광점 대표
현) 사단법인 한국전통문화연구진흥원
　　고전분과 부회장

이해분

고용노동부 선정 우수숙련 기술자
산업인력공단 미용장(기능장)
대한민국 신지식인 선정
현) 사)대한미용회 고전머리 특별위원회 부위원장
현) 사단법인 한국전통문화연구진흥원
　　고전분과 부회장
　　사틴헤어 / (주)사틴 대표

가체를 얹은 조선복식의 美

초판 인쇄　　2019년 2월 25일
초판 발행　　2019년 2월 28일

지 은 이　　이승미 이영숙 이해분
펴 낸 이　　김재광
펴 낸 곳　　솔과학
등　　록　　제10-140호 1997년 2월 22일
주　　소　　서울특별시 마포구 독막로 295번지 302호(염리동 삼부골든타워)
전　　화　　02-714-8655
팩　　스　　02-711-4656
E-mail　　solkwahak@hanmail.net

I S B N　　979-11-87124-49-8 (93380)